52
MANERAS DE
ALENTAR
A OTROS

52
MANERAS DE
ALENTAR
A OTROS

C. E. Rollins

BETANIA

Un Sello de Editorial Caribe

© **1996 EDITORIAL CARIBE**
Una división de Thomas Nelson
P.O. Box 141000
Nashville, TN 37214-1000, EE.UU.

Título del original en inglés:
52 Simple Ways to Encourage Others
© 1992 por *Jan Dargatz*
Publicado por *Oliver Nelson Books*
A Division of Thomas Nelson, Inc.

Traductor: *Leticia Guardiola*

ISBN: 0-88113-429-5

Impreso en EE.UU.
Printed in U.S.A.

E-mail: caribe@editorialcaribe.com

4th Impresión

A

Twila Allwine Eisley,
quien ha sido una fuente constante de aliento
y
amistad en mi vida
durante más de
veinte años.

◆ Contenido

◆ Introducción

Animar significa literalmente infundir ánima (alma) o vida en un ser; sembrar aliento en otra persona de modo tal que ayudemos a dotarla de los elementos y fuerzas necesarias para enfrentar el presente y el futuro con determinación y confianza. Animar es edificar, fortalecer, reforzar.

Hay dos ingredientes vitales en la tarea de animar:

- *esperanza*, de que la situación o circunstancia habrá de resolverse y resultará en algo bueno, y de que el futuro será mejor que el presente;
- *fe*, creencia de que el resultado de lo esperado llegará a suceder.

Alentar, o animar a otros, es elevar sus reservas de esperanza y fe, lo cual implica en gran medida compartir tus propias reservas interiores de estos preciosos e inspiradores recursos.

El alentar se fundamenta en lo positivo. Es enfocarse a la acción y ver hacia adelante. La palabra de aliento es optimista. El consejo alentador impulsa el potencial hacia el logro. Alentar es buscar aquello que promueva la salud e integración personal.

Recibir aliento no sólo es bueno para las personas que se sienten «decaídas y agotadas» emocionalmente. El recibir aliento es bueno para todas las personas, no importa en qué temperatura emocional o panorama psicológico se encuentren.

En último término, para que verdaderamente podamos alentar a otros, necesitamos —primeramente— ser alentados, de la misma manera que es importante ser capaces de compartir nuestro ánimo o aliento, debemos ser capaces de comunicarlo.

Finalmente, el aliento es mejor aceptado cuando se da en medio de una relación. Posiblemente recibamos una «dosis» de aliento por parte de algún extraño, o demos una palabra de aliento a alguien que se cruce en nuestro camino. Sin embargo, el tipo de aliento de mayor calidad y que perdura, es el que proviene de las personas que comparten la vida con nosotros, en medio del constante convivir día a día.

Ser el mejor proveedor de aliento, por lo tanto, implica ser AMIGO (esto incluye ser amigo aun cuando se trate de algún familiar o de nuestro ser amado). Por sobre todo, el amigo alentador es fiel y leal, no cambia la honestidad por el sentimiento zalamero, sino que está siempre listo para proveer una mano de ayuda, un oído atento y un corazón amoroso. El amigo alentador está «ahí» cuando se le necesita, sin necesidad de que se le pida, y está siempre presente en el corazón del otro —sin importar la distancia física— y está siempre listo para ejercer una presencia positiva y constante. Una amistad como ésta es de aliento en sí misma. Ojalá cada uno de nosotros podamos ofrecer una amistad así.

Alentar y amar, no distan mucho una cosa de la otra. Ambas acciones están cimentadas en el dar, y siguen el principio de que entre más se da, más se recibe. Procure ser desde ahora un generoso proveedor de aliento. Esto le hará sentirse más alentado respecto a la vida.

Cosas que hacer

1 ◆ Un toque expresivo

El toque expresivo dice, por sobre todo, «estoy aquí en forma física, tangible, para mostrarte mi interés, mi preocupación y mi apoyo». Puede ser en forma de

- un apretón de manos
- un beso cariñoso en la mejilla
- un gigantesco abrazo de oso
- una caricia delicada
- una mano sostenida entre las tuyas
- un amistoso choque de manos
- un abrazo tierno
- una mano vigorosamente asentada en un hombro

Cómo tocar Todos deseamos ser tocados o sostenidos cuando tenemos miedo, nos sentimos solos, o cuando experimentamos un sentimiento de pérdida o soledad. El toque expresivo implica, «No está solo en esto. Yo estoy aquí, contigo».

Al tocar a otros debemos ser sensibles al hecho de que el toque verdaderamente «expresivo» es aquel que es percibido por quien lo recibe como un toque amoroso y positivo. Algunas personas tienen gran capacidad para la cercanía física. Otras no. Lo que para una persona puede ser un toque de aliento, puede ser percibido como un toque vergonzoso para otra. ¿Cómo puede uno distinguir qué tipo de toque es el apropiado?

- Toca a la persona sólo hasta el punto en que ella sea capaz de recibir tu toque y responder a él.

¿Te diste cuenta si la persona se apartó de ti, o si retrocedió, o si te rechazó, o si se movió para poner un objeto de separación entre ustedes? Eso significa que has sobrepasado sus límites de lo que es apropiado. Si, por el contrario, la otra persona te devuelve el abrazo o toma tus manos entre las de ella, significa que está deseosa de recibir más.

- Toca dentro del contexto emocional del momento.

¿Alguno de tus amigos se acaba de enterar de la muerte de un ser querido? Esa persona quizás necesite ser sostenida en un fuerte abrazo durante algunos momentos, de modo tal que pueda llorar libremente en la comodidad de un fuerte abrazo. Sin embargo, el mismo tipo de abrazo puede ser percibido como una respuesta inapropiada a un mal día en el campo de golf. Como regla general, entre más grande sea la intensidad de las emociones que están siendo expresadas —entre mayor sea el sentimiento de pérdida, miedo o soledad— mayor será la intensidad del toque.

- Toca dentro de los límites de la amistad

No permitas que tu toque excite o invite a la pasión.

Somos criaturas físicas. La piel es el órgano más grande de nuestros cuerpos. Respondemos a la cercanía física, y necesitamos de ella para obtener un sentimiento de integridad y bienestar físico. Un toque nos dice que pertenecemos a la comunidad humana, que somos accesibles y dignos de ser incluidos y amados.

Un toque físico alienta a otra persona pues le dice, «Estás bien. Eres uno de los nuestros».

2 ◆ Provea un lugar de descanso y cuidado

La ansiedad —haya surgido del entusiasmo por una nueva meta o desafío, por la inminencia de un cambio importante en la vida, o por la perdida de una relación— a menudo resulta en la alteración de los patrones de sueño y alimentación. La pérdida de sueño y la falta de una alimentación adecuada, por su parte, pueden conducir a un espiral de bajada, resultante en depresión o desorientación.

Con frecuencia, el mejor «aliento» que alguien puede darle a una persona es proveerle de un lugar estable en el que se mantenga una rutina, en donde se sirvan las comidas con regularidad, prevalezca la calma, y la atmósfera esté marcada por la paz y la falta de confusión.

Comida Haga lo posible por proveer alimentos con alto valor nutritivo: tantos ingredientes frescos como sea posible, balanceados en proteínas y carbohidratos, y con un mínimo contenido de cafeína y azúcar. (El azúcar a menudo ocasiona altas y bajas de energía, las cuales pueden ser percibidas por una persona con ansiedad como una montaña rusa emocional. La cafeína también es estimulante para muchos.) Mantenga en mente la necesidad de revitalización de la persona; pero al mismo tiempo, no espere que ella consuma grandes cantidades de alimento. Prepare las comidas tan apetecibles y llamativas como le sea posible.

Descanso Si usted, o la persona a quien está tratando de ayudar tiene niños pequeños, trate de hacer los arreglos necesarios para dejarlos durante el día en casa de alguna amistad o para pasar la noche con un familiar.

Ejercicio Anime a la persona a hacer ejercicio con moderación, a sintonizar el mundo (incluyendo los medios de comunicación), y a divertirse. Ambos tipos de personas, tanto las orientadas a las metas y tareas, como las apesadumbradas y afligidas, tienden a perder la visión y habilidad para divertirse. Propicie un ambiente en el cual se celebren las bromas. Proponga viejos juegos de salón. Consiga los videos de sus comedias favoritas en blanco y negro. Entre más risas haya, mejor.

Algunas veces se puede dar aliento a la persona, al proveer de dicho lugar de descanso y cuidado, aunque sólo sea por una semana. De hecho, se puede decir mucho de un sábado por la mañana en el cual se opere de acuerdo con la siguiente agenda: duerma hasta despertarse, disfrute un almuerzo sustancioso, y tome una vigorosa caminata.

Fortaleza Cuando colme de cuidados a alguna persona, esté consciente de la tendencia hacia la codependencia que se puede desarrollar. No propicie el evadir los desafíos de la vida; ayude a la persona a enfrentar la vida directamente. Busque señales para conocer si la persona desalentada está recobrando fuerzas como para ayudar en cosas tales como servir la mesa o preparar los ingredientes para la ensalada, y para tomar decisiones por ejemplo, al planear una actividad para realizar por la tarde.

3 ◆ Envíe un mensaje inesperado de entusiasmo

Encuentre la manera de decir, «Me alegro que existas en el universo al mismo tiempo que yo». Puede hacerlo por medio de:

- una notita escondida en la bolsa del almuerzo
- un pequeño frasco de dulces con forma de corazón, puestos de contrabando en la bolsa de viaje
- una tarjeta escondida en el portafolios
- un mensaje en el contestador
- una notita garabateada en la agenda diaria
- un mensaje en la puerta del refrigerador, creado con letras magnéticas

Aprecio genuino No necesita comprar una costosa tarjeta de felicitaciones, o escribir un largo discurso. Unas cuantas palabras de aprecio y afecto genuinos, escritas en la parte exterior de la bolsa de papel del almuerzo, pueden ser tan efectivas como un mensaje grabado en piedra.

Posiblemente desee escribir un breve poema… una broma… o unos versículos de la Biblia. (Un amigo mío, a menudo encuentra adivinanzas escondidas en su portafolios con una línea al final que dice: «Respuesta disponible en casa»)

Ni siquiera necesitas firmar con tu nombre. Algunas veces resulta divertido ser el «amigo secreto» de alguien que necesita recibir aliento.

Mensaje de Aliento   El mensaje no necesita ser una carta de amor, aunque virtualmente cualquier mensaje de aliento conlleva un cierto nivel de amor. Puede ser un mensaje que simplemente diga,

- *«¡Creo en ti!»*
- *«Estoy orando por ti para que te vaya bien en el examen de matemáticas»*
- *«¡Diez libras menos...bravo!»*
- *«Te extraño»*
- *«Solo quería decirte que estoy pensando en ti. Espero te esté yendo bien en todo»*
- *«Regresa a casa pronto»*
- *«Es una bendición el tenerte como amiga(o)»*

Envíe un mensaje que no requiera respuesta.

Sea genuino en lo que diga.

No haga sentir incómoda a la persona. Procure que el mensaje pueda ser recibido en forma privada, si es posible «secretamente».

Envíe el tipo de mensaje que usted sabe traerá una sonrisa al rostro de esa persona. Las sonrisas y el aliento van mano a mano.

4 ◆ Mande flores o regale belleza

Un regalo bello le dice a quien lo recibe, «Tú mereces la belleza. Mereces reconocimiento. Y sabes que ambas cosas las puedes obtener de mí». Este acto puede ser de mucho ánimo y aliento para alguien que se siente decaído, relegado o subestimado.

Si envías un arreglo floral recuerda que no es necesario escogerlo muy elaborado. Una simple flor o un pequeño ramillete pueden transmitir el mismo mensaje que un árbol florido.

Incentive A veces, el «recipiente» puede ser el regalo más valioso o hermoso. Considere el enviar una sola flor en un hermoso florero de cristal con una notita que diga que el resto de las flores llegarán cuando el proyecto esté terminado. Luego, más adelante, envíe un ramo de flores conforme a lo prometido, sin florero.

Marca exclusiva Posiblemente prefiera desarrollar su propia «flor de marca exclusiva». Quizás una rosa amarilla o un ramillete de blancas margaritas, o una pequeña maceta de jacintos rosa, que diga a la otra persona, siempre «tú». Si hay alguna flor significativa para usted y para alguna otra persona, regálense ramitos de esa flor entre ustedes como marca de esos momentos especiales de felicidad. ¡No hace falta incluir una nota! (Recuerde: a los hombres también les gustan las flores.)

Otros regalos bellos Regalar belleza no necesariamente está limitado a dar flores. Envíe un pedazo de madera flotante con una nota que diga, «la vida tiene su manera de gastarnos para convertirnos en algo bello». O envíe una hermosa tarjeta gigante con el paisaje de uno de nuestros parques nacionales, con una nota que diga, «Me encantaría que pudieras estar ahí…. Ojalá pudiera estar ahí… Quizás algún día… ¡Tal vez cuando termines el proyecto en que te encuentras!»

Un póster también puede ser otra forma de regalar belleza; una ilustración, o la obra de arte de un pequeño. Puede ser un pisapapel, un parasol o una conchita de mar.

Asegúrese de incluir un mensaje salido del corazón. Enfatice la belleza de TODA la creación de Dios, incluyendo a quien recibe un regalo de parte de usted. Quizás pueda decir, «¡Hasta donde sé, tú eres una maravillosa parte de la hermosa creación de Dios!»

La persona angustiada, deprimida o desanimada a menudo pierde el sentido de lo hermoso de este mundo. Ayude a restaurar esa sensibilidad.

5 ◆ Esté presente en las crisis

Simplemente «estar presente» puede representar un gran apoyo, especialmente en los momentos de crisis.

¿Sabe usted de alguna persona conocida que esté pasando por un momento dificil, una situación emocionalmente demandante, o una transición de vida importante...

- ¿en el hospital o en la clínica ambulatoria?
- ¿en la funeraria?
- ¿en una subasta de bancarrota?
- ¿en la corte de divorcio?

Esté presente Nada habrá de ser tan significativo como su presencia fisica.

¿Está a punto de partir el camión de la mudanza?

¿Habrá despidos en la oficina debido a una reducción de personal?

¿Hay algún joven a punto de volar, rumbo a la universidad, en alguna sala del aeropuerto local?

¿Está el cuarto de vestidores en silencio, después de la derrota en el juego más importante de la temporada?

Hágase presente.

Sea sensible No es necesario decir gran cosa, si dice algo. Simplemente, «esté presente». Después de la muerte de un ser querido, el mensaje más apropiado puede ser, «Lo siento. Te quiero mucho. Sólo llamé para decirte ésto. Te veré en el funeral». La persona que está de duelo no necesitará responder, decir o explicar nada, ni hacerse la fuerte.

No sienta la necesidad de hacerle plática. No trivialice el momento. No ofrezca comentarios animosos, o brillantes como si nada hubiera sucedido. Algunas veces ofrece más aliento sentarse en la penumbra con alguien y compartir la tristeza.

Sea práctico Si su relación con la persona se presta para ello, ofrezca ayudar de manera práctica durante la crisis. Llenando cajas. Cargando equipo. Preparando la comida. Hacer algún mandado. Pregunte, «¿Hay algo que pueda hacer con estas dos manos y estos dos pies, para ayudar en este momento? ¿Qué necesitas, puedo hacer algunas llamadas por ti, o entregar o recoger algo, o a alguien?»

También puede ofrecerse a cuidar de los pequeños o a recoger algún pariente en el aeropuerto. Quizás la persona desee compañía para ayudarla a recordar, más tarde, qué fue precisamente lo que dijo el médico.

Hacerse presente en las crisis habla de su interés por la persona, y de cómo el afecto que usted siente por ella está por encima de su propio horario o agenda personal. Esto significa que usted considera más importante a la persona que a cualquier tarea o proyecto. Pocas cosas pueden resultar más estimulantes que ésto.

6 ◆ Otorgue un «trofeo» apropiado

Todo niño busca el premio al fondo de la caja. Nosotros, los adultos, con frecuencia tenemos demasiadas cajas sin premio. Tómese el tiempo y haga el esfuerzo de «recompensar» a alguien que se siente no recompensado.

Reconocimientos impresos Al amigo que está tratando de dejar de fumar, otorgue un pequeño trofeo como éste: «Ganador. Treinta días sin fumar».

A la joven madre, dé un certificado con las palabras impresas «¡Felicidades! ¡Has sobrevivido 2,832 días de maternidad sin pasar por un ataque de nervios!» (Sea lo más preciso posible en relación a la cuenta de los días.)

Al amigo especial, regálele una pequeña placa gravada: «Para el Amigo que parece estar siempre presente cuando más se le necesita».

Reconocimientos verbales Su reto será ir en busca de aquellos logros no reconocidos y hacer sonar una o dos trompetas.

Quizás la persona ha alimentado fielmente al perro, día tras día, durante años. ¿Aprecia usted ese hecho? Más importante aún, ¿aprecia usted la determinación de carácter de esa persona? ¡Dígalo entonces!

Probablemente su esposa ha cambiado más pañales de los que podría contar, uno de los trabajos menos reconocidos. ¿Aprecia usted su disposición de ser madre y quedarse en casa? ¿Le ha dicho recientemente que el papel desempeñado por ella en la familia, es igualmente importante que el de usted? Déjeselo saber.

Tal vez su esposo ha tenido empleo durante todos los días de sus veintitrés años de matrimonio, y nunca se le ha pasado hacer los pagos de la hipoteca de la casa en la cual viven. ¿Le ha dado las gracias por ello últimamente? Muestre su aprecio por lo que él hace.

Estos «trofeos» —pequeños tributos a los diarios desafíos— evitan dar por sentado que las personas cuenten con nosotros, además de que ayudan a la otra persona a sentirse más apreciada y alentada. Llaman la atención hacia los logros conseguidos por medio de la disciplina firme y constante. Descubren las buenas cualidades y enfatizan los logros, en lugar de los fracasos.

Los trofeos amistosos dicen, «Me di cuenta». En un mundo donde muchas cosas buenas pasan inadvertidas, el hecho de que alguien lo note es alentador.

7 ◆ Ofrezca compañía a la persona

A nadie le gusta sentirse excluido. No es bueno sentirse como la quinta rueda, la de repuesto.

Sin embargo, así se siente mucha gente inmediatamente después de la ruptura de relaciones con el cónyuge, el novio o la novia, o cualquiera otra relación seria, importante o de varios años. Tienen la sensación de estar aislados, rechazados, solos. La única ayuda verdadera, es estar con otra gente.

No sólo para parejas Invite a la «solitaria» a la fiesta. Llévela al juego, al centro comercial o a un restaurante especial. Hágale saber que usted la considera interesante y que es un privilegio estar a su lado.

Lo mismo sucede con quienes están solos porque no tengan a nadie o no hayan tenido a nadie. Inclúyalos en el grupo.

Quizás se enfrente a algunas lágrimas. Posiblemente escuche historias tristes. Eso es parte de ser amigo.

A menudo, en caso de divorcio, las amistades de la pareja tienden a dividirse en bandos, «los amigos de ella» y «los amigos de él». Lo peor que le puede suceder a quien pasa por un divorcio es «no tener amigos». Tal vez necesite dejarle saber, a ambos, que usted no tiene la intención de parcializarse hacia ninguno de los dos, sino que desea «estar a su lado» y apoyar a cada uno emocional, social, y espiritualmente en cualquier forma posible.

Tenga en mente que...

- no todas las fiestas necesitan tener un número par de sillas alrededor de la mesa
- no todos los eventos requieren ser «solo para parejas»
- no todas las reuniones deben tener el mismo número de mujeres que el de hombres

Ayude en tiempos de prueba Algunas veces la pérdida no es en relación con una persona, sino con un empleo o algún negocio. No excluya de sus reuniones sociales regulares a quien recientemente ha sido desempleado, o que está pasando por un fracaso financiero. Ambas necesitan su amistad más que nunca.

Algunas veces la pérdida en el hogar, es por un hijo o hija (por la universidad, por un empleo, quizás por muerte, o por pérdida de la custodia). No sea tímido respecto a incluir a esa persona o pareja en las actividades de su familia.

Con frecuencia, la gente no incluye a quienes están pasando por momentos difíciles —una situación desalentadora, o una circunstancia deprimente— porque no quieren herirlos más, o no saben qué decirles. La falta de invitación les habrá de herir más recibir invitación; la persona invitada tendrá siempre la opción de declinar, o de salir temprano de la fiesta si siente que es una experiencia dolorosa. Respecto a qué decir, pregúntele a la persona si hay algunos temas de los que prefiera no discutir. De lo contrario, sea usted mismo y deje que la conversación fluya libremente.

El simple hecho de que haya invitado a esa persona «solitaria» para formar parte del grupo, será suficiente para darle ánimo. Le ayudará a recobrar su sentido de identidad y a desarrollar la habilidad de estar sola sin sentirse solitaria.

8 ◆ Hágase presente en la gran ocasión

¿Está su hijo a punto de hacer su debut en el escenario?

¿Está su hija próxima a entrar en el campo de juego como parte de la línea inicial del equipo?

¿Está su cónyuge con miras a ser reconocido por su labor comunitaria?

¿Está algún compañero de trabajo terminando sus estudios para graduarse... al fin?

¿Se acerca la fecha de la fiesta de jubilación, en homenaje a su vecino?

¿Están sus tíos a punto de conmemorar su quincuagésimo aniversario de bodas?

La vida está llena de esos innumerables «grandes eventos» que parecen ser enormes ante los ojos de quienes son honrados, festejados o reconocidos, y ellos merecen atención.

¿Recuerda...? ¿Recuerda cómo se sentía cuando dio su primer recital de piano? ¿Qué habría sido de aliento para usted en ese momento?

¿Recuerda la primera vez que tomó la palabra con su uniforme deportivo, quizás la primera en su vida frente a tanta gente? ¿Qué le habría ayudado a sentirse mejor respecto a sí mismo en ese momento?

¿Sabe usted lo que se siente al ser reconocido por sus colegas... por sus amistades... aplaudido por su supervisor... honrado por sus empleados o aquellos a quienes usted dirige?

Entonces conoce que lo más importante en ese momento es que quienes uno ama estén presentes, con la sonrisa en la cara, y con una mirada de «en hora buena, estoy orgullosa de ti», y con una actitud de «estoy contigo», latente en la forma en que levantan firme los hombros y alzan la cabeza.

Camine la milla extra Los chicos casi siempre recuerdan si ganaron o perdieron el juego, o si le atinaron a todas las notas. También recuerdan quién estuvo allí presente apoyándoles. Lo mismo sucede con los adultos. La presencia suya habla de su interés por ellos.

- Para unos, el atender a los «grandes eventos» de la vida, significa hacer malabarismo con un horario imposible
- Para algunos, significa correr para alcanzar el último vuelo a casa
- Para otros, significa cancelar una cita pendiente, o perderse una reunión
- Para otros más, es vestirse con un molesto saco de media gala y sacrificar el juego de fútbol del lunes por la noche, para escuchar a un aburrido conferenciante y comer arroz recalentado

Esto siempre corresponde a colocar el gozo de la otra persona por encima de nuestros propios deseos. Y eso es lo que hace «su presencia» alentadora. Realmente es un acto de amor generoso.

9 ◆ Deje de hacer las cosas que hieren

Un buen número de nosotros somos agentes de desánimo, aunque usualmente no lo queramos ser. Como seres humanos, simplemente cometemos errores, hacemos lo irritante, causamos heridas o desengaños. Y cuando nuestros errores, cualidades hirientes, puñaladas dolorosas, y desengaños se convierten en un hábito, —lo queramos o no— causan desaliento. Algunas veces, hacemos esto con quienes más amamos, y eso hace más doloroso enfrentarnos a nuestras acciones.

Cambie el rumbo He aquí seis pasos que debe considerar para cambiar de desalentado a alentado.

1. *Averigüe qué, de lo que usted hace, causa desaliento en otras personas.* Las causas pueden ser determinadas con frecuencia al indagar a alguien con una o más de las siguientes preguntas:

- *«¿Cuál, de las cosas que hago, desearías que dejara de hacer?»*
- *«¿Cuál, de las cosas que hago, es la que más te irrita?»*
- *«Si pudieras cambiar una cosa, respecto a mi conducta, ¿qué cambiarías?»*

2. *Busque la causa.* Si su esposa le dice, «Me gustaría que dejaras de tirar tus calcetines al piso», usted puede

indagar más sobre tal comentario (si es lo suficientemente valiente como para hacerlo) y descubrir que, no
sólo es usted un patán, sino que además su falta de
cuidado en relación con el trabajo de la casa, le hace
sentir a su esposa como si usted esperara que ella fuera
la esclava de limpieza. Si su esposo le dice, «Me gustaría
que dejaras de hacer ruido en la cocina y de aspirar la
casa mientras estoy tratando de ver el juego», quizás
descubra una verdad más profunda. Tal vez esté resen-
tido por lo que percibe como su intento de impedir su
placentera actividad.

3. *Determine el nivel hasta el cual está dispuesto a
hacer una concesión en su conducta.* ¿Está dispuesto a
levantar sus calcetines? ¿Desea mostrar más aprecio
por el trabajo de su esposa en casa? ¿Está dispuesto a
ayudar con los quehaceres del hogar?

Quizás haga falta negociar. La vida está llena de
acuerdos y de poder compartido. Sea cauteloso si alguien parece salirse con la suya o ser dominante en
una serie de confrontaciones. ¡Puede ser que se encuentre con una explosión en el futuro!

En algunas ocasiones se encontrará con puntos,
fuera de su alcance, que no puede negociar. Exprésalos
y vea qué puede hacer para resolverlos. Y aun en otras
ocasiones posiblemente necesite retirarse del problema
presente y definir un mejor futuro. Si se encuentra en
un atolladero, busque ayuda profesional.

4. *Ofrezca disculpas por las heridas más profundas.*
Exprese su arrepentimiento por haber causado un
malentendido, o por haber herido sentimientos o mostrado una falta de aprecio. Pida perdón.

5. *Pida ayuda a la vez que intenta hacer cambios
para el futuro.* Pida paciencia. Solicite un consejo útil.

6. *Haga una cita para discutir el asunto nuevamente.*
Tome nota en su calendario. Haga la cita con varias
semanas de por medio. Eso le permitirá pasar el tiempo

necesario para sanar las heridas, y para enfriar las emociones, tiempo para hacer cambios o al menos mostrar buena fe en el intento de hacerlos.

El simple hecho de mostrar disposición para enfrentar los hábitos que causan desaliento, y el deseo de cambiarlos, es en sí alentador. Y más aún cuando esas modificaciones ocurren, y las relaciones crecen como resultado de una mejor comunicación y de una mayor muestra de atención.

10 ◆ Preste un oído atento

Mucha gente está buscando a alguien para hablar de sus problemas. En términos generales, las personas desalentadas, deprimidas o defraudadas necesitan hablar. Necesitan la oportunidad de ventilar su dolor, dar voz a su ira, expresar su pesar, confesar sus faltas, poner sus sentimientos en palabras.

No se apresure a enfatizar o decir, «Yo sé cómo te sientes». En primer lugar, usted no sabe exactamente cómo se siente. En segundo lugar, si bien es cierto que la persona necesita saber que está experimentando emociones humanas normales y que no es víctima de una circunstancia única y aislada, también es cierto que necesita la oportunidad de expresar sus sentimientos sin interrupciones.

Enfoque su atención

Escuchar requiere esfuerzo. Implica concentración, enfoque, y habilidad de mirar a la persona a los ojos y, verdaderamente, «escuchar con el corazón» las palabras que están siendo habladas. No permita que la gente, las cosas, o las actividades a su alrededor le distraigan de escuchar intensamente.

En tales conversaciones, luche por oír al menos el doble de lo que hable. (Después de todo, usted tiene dos oídos y solamente una boca.)

Haga preguntas Haga preguntas o formule afirmaciones invitando a la conversación y que sean difíciles de descartar con una simple respuesta de «sí» o «no», tales como:

- *«Eso suena como una historia interesante. ¡Cuéntamela!»*
- *«¿Has tenido una experiencia similar con anterioridad?»*
- *«¿Cómo te sientes al respecto?»*
- *«Dadas las circunstancias, «¿qué podría suceder?»*
- *«¿Cómo imaginas tu mundo ideal?»*
- *«¿Qué te gustaría estar haciendo de aquí a cinco años?»*
- *«¿Qué, verdaderamente, te gusta hacer como diversión?»*
- *«¿Qué estás haciendo para cambiar las cosas?»*

Esta última pregunta es crucial para evitar una relación de codependencia. La persona codependiente tiende a responder ante una crisis, «¿Qué puedo hacer por ti respecto a esto?» En otras palabras, «¿Cómo puedo protegerte de este dolor o cambiar las circunstancias que te rodean o pelear tu batalla?» La relación sana está basada en la pregunta: «¿Qué vas a hacer con tu vida (tu pasado, presente y futuro)? ¿Qué puedo hacer para ayudarte a cumplir las metas?»

Jesucristo preguntaba con frecuencia a quienes ayudaba: «¿Qué es lo que *tú* quieres?» El Nuevo Testamento nunca presenta a Jesús imponiendo su voluntad sobre personas capaces de ejercitar su propia voluntad. Más de una vez se registran sus palabras: «No te condeno; vete y no peques más», como implicando: «Está dentro de ti el poder hacerlo». También les dijo a quienes recibieron su ayuda, «Tu fe en mí te ha sanado», implicando, «No mí fe en ti».

Tener un oído atento es quizás la forma principal de obtener las respuestas correctas para esa persona.

Ofrezca a la persona desalentada la oportunidad de expresar su desaliento verbalmente. Al hacerlo, posiblemente encuentre algunas respuestas... y a la vez aliento.

11 ◆ Regale o comparta una cinta magnetofónica

La persona desalentada, con frecuencia teje todo un capullo hermético a su alrededor como un modo de defensa contra la posibilidad de experimentar todavía más dolor y desilusión. Generalmente, esta etapa de separación es la primera del proceso de sanidad; rara vez es permanente.

No se sorprenda si una persona desalentada hace a un lado su amistad o se aparta de usted. Con seguridad se está alejando de toda la gente y de todas las cosas que ha conocido para recobrar su sentido de identidad y estabilidad personal.

Eso no significa que usted deba darse por vencido y alejarse. Eventualmente la persona herida necesitará ser atraída y restaurada. Necesitará enfrentar todas las áreas de su vida nuevamente, a fin de examinar, clasificar y unir otra vez las piezas de una forma nueva y creativa.

¿De qué manera puede usted ayudar? Primero, permita que la persona tenga un poco de espacio. Retírese y déjele respirar.

Segundo, busque regalar un casete a la persona. Elija uno que exprese lo que a usted le gustaría decir a esa persona, o que transmita un sentimiento de esperanza.

- Puede ser un casete de música
- Puede ser una serie de cintas de inspiración
- Pueden ser casetes o videos

Inspire   Elija algo que levante el ánimo. Busque humor. Si usted sabe qué tipo de música disfruta esa persona, seleccione de ese género.

Quizás podría grabar un culto de oración completo. O varias piezas de distintos álbumes, que usted sabe son del agrado de la persona.

Agregue una nota con el casete de regalo para decir: «He disfrutado mucho de este casete. Y creo que tú también podrás hacerlo». O «Este artista realmente ha logrado plasmar en su música algunos de los sentimientos que he vivido». O «Esta es una de mis cinco películas favoritas. Espero tú también la disfrutes».

Acérquese   Un casete sienta las bases para una futura conversación, dándole a usted y a su amigo o colega desanimado algo más de qué hablar, en lugar de los problemas pasados solamente.

Además, escuchar un casete no requiere de mucho esfuerzo. La gente desanimada o ansiosa con frecuencia tiene problema para concentrarse; leer resulta difícil con frecuencia.

El hecho de regalar una cinta transmite el mensaje de que «Todavía sigo aquí. No voy a abandonarte».

12 ◆ Admita sus errores

Ah, cuán tercos somos algunos en defender nuestra postura, aún cuando sospechamos que podemos estar equivocados. Esa terquedad puede estar hiriendo a otros. Con el tiempo, la persona a quien constantemente se le está diciendo que sus ideas no tienen mérito, que sus decisiones están equivocadas, o que sus opiniones son inválidas, termina por desalentarse. Lo mismo es cierto para el individuo que siempre pierde todos los argumentos, o que nunca escucha de otra persona que admita «Me equivoqué, tú tenías razón».

Para convertirse en una persona alentadora, en lugar de una que desanime…

Señale el mérito de ciertas ideas

Aplauda cuando alguien se lo merezca. (Esto no le disminuirá como persona, al contrario, le hará una persona mejor.)

Admita sus errores No trate de justificar el por qué hizo ciertas cosas, pensó de cierta manera, o sacó ciertas conclusiones. Solamente admita que se equivocó. Aprenda a decir: «Lo siento. Me equivoqué en eso». Agradezca a la otra persona por mostrarle la forma correcta.

Reconozca los buenos resultados Quizás usted estuvo, inicialmente, en desacuerdo con alguna decisión o curso de acción. Diga, «Ahora veo por qué hiciste esto». O, «Ahora puedo ver los beneficios de haber elegido esta dirección».

Elimine el «*Te lo dije*» de su léxico   Si un error tiene repercusiones obviamente terribles, hable a la persona en estos términos, «He estado pensando respecto a cómo podemos mejorar esta situación. Aquí tengo tres ideas para tu consideración». (Al proveer alternativas, no se está presentando usted como quien tiene la forma «correcta» comparada con todas las demás que están «incorrectas». Usted solo le está dando opciones a quien toma las decisiones.)

Reconozca que todas las opiniones tienen mérito
Cada persona tiene el derecho, privilegio, y responsabilidad de sus propias ideas. Las ideas pueden no ser las más apropiadas para un grupo particular de personas en un momento determinado, o en una circunstancia en particular. Quizás no sean posibles o no funcionen. Tal vez no sean accesibles. Pero... no son estúpidas, tontas, o sin valor. Todas las ideas y opiniones tienen en sí mismas el potencial de conducir hacia nuevas y mejores ideas y opiniones. Las más locas, con frecuencia resultan ser las que detonan una reacción creativa en cadena resultando en una solución verdaderamente ingeniosa para algún problema.

Al reconocer que las ideas, decisiones y opiniones de otras personas tienen mérito, usted estará afirmando el valor de la persona y alentando un flujo continuo de comunicación y creatividad.

13◆ «Sentémonos por un momento»

Por encima del hacer «acto de presencia» está el «permanecer cerca».

Algunas veces es bueno sentarse por un rato con la persona herida, en duelo, ansiosa o en dolor. A ella le está dando el valioso regalo del tiempo y su atención. Ambas cosas son alentadoras.

La agenda Deje que la otra persona hable. Pero también permita que esté en silencio. El «sentarse por un momento» permite que la persona herida sea quien establezca la agenda. Su papel es estar silenciosamente presente, disponible cuando se le necesite, atento cuando se le requiera, como un callado guardián en contra de la soledad.

Probablemente desee llevarse algo para hacer con sus manos, especialmente si no confía mucho en su habilidad para escuchar. Quizás pueda tejer, bordar, hacer alguna manualidad, atar una carnada a la caña, o labrar una barra de jabón.

El tiempo de las comidas Posiblemente puedan «sentarse por un momento» mientras comparten los alimentos. Quizás cada quien puede traer sus alimentos o comprar algo en el camino y luego dividir las porciones. El tiempo de las comidas, es con frecuencia, la parte más solitaria del día, para una persona que ha perdido recientemente a un ser amado por separación, divorcio o muerte.

Citas   El «sentarse por un momento» también significa acompañarle a la cita con el médico o el dentista, y sentarse en la sala de espera con él o ella.

Jugar   El «sentarse por un momento» puede manifestarse como estar cada uno en los extremos de un sofá viendo un programa de televisión o algún video.

Basta con que pruebe a sentarse a la puerta de entrada y ver jugar a un niño en el jardín. El pequeño puede hablarle según le plazca. La presencia suya le hace accesible pero no sofocante. Esa es la mejor posición de «sentarse por un momento», estar disponible, pero no de forma opresiva.

La presencia suya puede alejar los sentimientos de aislamiento sofocantes para la persona desanimada o atormentada, mucho más efectivamente de lo que haría cualquier cosa que usted diga o haga. Y de verdad nada puede sustituir esto.

14 ◆ Busque a la persona solitaria

Las personas desalentadas con frecuencia están escondidas debido a que así lo han decidido, o a las circunstancias. Usted necesita buscarlas.

¿Dónde están las personas solitarias?

Considere los asilos. ¿Tiene usted algún amigo que se haya mudado recientemente a un asilo, o que esté convaleciente en el hospital? ¿Le ha ido a visitar últimamente? ¡Pase por ahí!

Piense en los centros de retiro. ¿Hay alguien a quien usted conozca que le agradaría recibir una visita amistosa? Haga planes para pasar un tiempo con esa persona.

Recuerde aquellas personas que están confinadas en sus hogares. Quizás ya no pueden manejar, o se han vuelto los principales encargados de cuidar a un amigo o cónyuge enfermo. ¿Qué puede hacer usted para iluminarles el día?

Considere a la persona que recientemente ha regresado a la casa después de una estancia en el hospital y que probablemente está recuperándose de algún accidente, o sufriendo una enfermedad prolongada o mortal. Su visita le será muy significativa.

Qué tal la persona que está en la prisión. ¿Qué puede hacer usted para animarle a vivir una vida positiva en un ambiente negativo? ¿Qué puede hacer usted para ayudarle a preparase para una vida productiva, en uso de su libertad condicional?

Presencia amistosa   Después del choque inicial que trae una enfermedad, una desaparición o un divorcio —y las consabidas carreras iniciales de las amistades preocupadas que corren a su lado— la persona herida con frecuencia se encuentra a sí misma sintiéndose abandonada en cierta forma, especialmente si el proceso de la recuperación se demora o es largo. Esta es su oportunidad de ser un oasis de amistad en medio de un solitario desierto.

Es posible que quiera llevar con usted un plato de galletas, o un pastel, o algún otro postre. Quizás pueda llevar algo de comer para compartir en la «hora de almuerzo» con esa persona. (Si usted sospecha que la persona puede estar bajo una dieta especial, pregunte con anticipación respecto a cualquier restricción dietética.)

Probablemente quiera llevar un libro, un video, o cualquier otro artículo que quiera dejar con la persona, preferentemente algo que no le deba ser devuelto.

Conversación chispeante   No es necesario que lleve algo con usted para que la visita resulte significativa. Solo unos cuantos minutos de conversación con alguien del «mundo exterior» pueden ser de gran bendición para la persona que se siente confinada.

Enfoque su conversación hacia cosas externas. Hable de lo que usted está haciendo. Discuta los eventos que están siendo noticia. Comparta las novedades sobre amistades mutuas. Ayude a la persona a sentirse en contacto con el mundo fuera de sus cuatro paredes.

Ideas especiales   Otra de las cosas que usted puede hacer es compartir los boletines dominicales con los miembros de la iglesia que están confinados en sus casas y de esa manera compartir las noticias de la congregación.

Puede ser que uno de sus amigos ha sido víctima de un serio accidente y ha quedado discapacitado. Visítelo de manera regular para discutir sobre los últimos acontecimientos, y los libros y películas más recientes. (Con la ayuda del televisor, los periódicos y revistas, un video, y un programa de biblioteca que pueda suplir versiones de libros en audiocasetes, su amigo puede mantenerse al día.) La limitación de movilidad física no tiene por qué privar su mente de estar viva con ideas, opiniones, e interrogantes.

La persona de edad avanzada puede disfrutar de un paseo por la ciudad ocasionalmente. Invítela a los lugares de interés histórico, a contar historias sobre gente del pueblo, y a hablar de cómo era la vida en ese lugar en una época diferente.

El aliento que usted dé a la persona solitaria le será devuelto invariablemente vez tras vez. Como resulta cierto en muchas de las áreas de la vida, el dador recibe más que el receptor.

15 ◆ La carta de aprecio

La ley de entropía —aquella que opera cuando las cosas se desgastan hasta el punto de parar, a menos que reciban una nueva corriente de energía— pareciera operar en las relaciones humanas de igual modo que en el mundo físico. Las relaciones humanas tienden a estancarse o a morir, a menos que sean renovadas. Una de las mejores formas de renovar una relación es expresando aprecio por la misma.

No se lleva más de cinco minutos el escribir unas líneas de aprecio sincero. Sin embargo, su carta puede proveer la satisfacción de un mes para aquellos que le han ayudado a salir adelante en la vida.

A las personas de su trabajo Escriba una carta a su jefe o a sus compañeros de trabajo: «He estado pensando en los (x número de) años que hemos pasado juntos, y quiero decirles lo mucho que han significado para mí. Aprecio el trabajo hecho por ustedes. Las formas en las que me han desafiado y me han hecho crecer como persona». Sea específico en su mensaje. Hágale saber a la persona que la vida de él o ella ha marcado una diferencia en la suya.

A las personas de su hogar Escriba una carta de amor a su cónyuge. (¿Cuándo fue la última vez que lo hizo?) Dígale por qué se volvería a casar con él (o ella) de nuevo. Señale formas específicas en las cuales usted siente que ha crecido y se ha desarrollado como persona gracias a su matrimonio.

Escriba una carta de amor a sus hijos e hijas. Déjeles saber que usted está contento de que hayan nacido, y cuán bendecido se siente de haberlos engendrado.

A *las personas de su comunidad* Escriba una carta de felicitaciones a su pastor, quien lidia con la mayoría de los problemas. Qué forma más maravillosa de recibir un golpe positivo de aprecio. Lo mismo va para los oficiales de la policía local y los líderes de la comunidad. La mayor parte de su trabajo involucra problemas y crisis. Cuán alentador sería escuchar un buen comentario.

Considere también a su médico familiar. Envíele una nota: «No estoy enfermo. Recientemente me percaté de que sólo te veo cuando ciertamente no soy yo mismo. Bueno... hoy definitivamente estoy en perfecto estado de salud física y mental, y quería decirte, 'Gracias por haber cuidado de mí y de mi familia durante todos estos años'».

No pase por alto a la maestra de sus hijos. O su empleado favorito en la tienda de departamentos preferida. O al cajero del banco que le ha tratado con cortesía y profesionalismo. O al cartero; él ha estado trabajando en su vecindario desde que usted recuerda. No olvide al departamento de policía local o a la estación de bomberos, en donde su nota de agradecimiento y aprecio es casi seguro que llegará a exhibirse en el tablero de anuncios para el personal.

16 ◆ La inesperada carta de elogio

Algunas veces tendemos a pasar por alto el hecho de que nuestros jefes tienen jefes… las maestras de nuestros pequeños tienen directores… nuestros pastores y pastoras tienen superintendentes de distrito u obispos.

Considere la posibilidad de escribir una carta de elogio sobre aquellas personas cuyas cualidades de trabajo y fidelidad usted admira. No la envíe a la persona directamente, sino al individuo para quien la persona trabaja, o la persona a quien ella reporta su trabajo.

Hágale saber al jefe de su jefe las cosas que usted aprecia respecto a su jefe. Señale sus cualidades especiales tanto en su calidad de persona como de supervisor. Con frecuencia los gerentes son evaluados de «arriba abajo» y rara vez resulta completo el cuadro desde ese punto de vista. Déjele saber al jefe de su jefe algunas de las cosas buenas que su jefe realiza y pasan inadvertidas.

Hágale saber al supervisor de su pastor lo mucho que usted aprecia los sermones de su pastor, o su cabeza fría y su corazón ardiente en los tiempos de crisis, o su compasión por la gente que sufre en la congregación.

Déjele saber al director de la escuela de su hija lo mucho que usted aprecia a la maestra de su hija… y por qué.

Permita que la familia de su mejor empleado sepa lo bien que, ese miembro de ella, se está desempeñando, o cuánto aprecia usted su trabajo. Su carta de felicitación elevará la condición de ese empleado en su hogar y será más fácil justificar el intenso esfuerzo que ese empleado invierte en el trabajo.

Una carta de elogio alienta a cualquier persona que la lea.

Escriba desde una «posición política» neutra   No escriba una carta para influenciar la opinión en una circunstancia crítica. Escriba cuando las circunstancias estén en calma.

Escriba una carta apropiada para el período en cuestión   No se apresure a emocionarse por la gran habilidad que su pastor tiene para predicar, si solamente le ha escuchado predicar una vez. No se desborde de entusiasmo respecto a la maestra de su hijo o hija la segunda semana de clases. En lugar de eso... escriba sobre su jefe cuando usted esté por cumplir su quinto aniversario de trabajo, o después de que se haya acabado con un proyecto de manera exitosa. Escriba una nota sobre la maestra de su hija después de que haya terminado el año escolar. Escriba una nota a su pastor después de que haya cumplido ahí por lo menos un año (tiempo durante el cual usted haya asistido fielmente).

Escriba sólo lo positivo   No use los cumplidos para después hablar de las quejas.

Escriba brevemente   Puede decir sencillamente, «Algunas veces los altos ejecutivos no siempre saben la clase de gente tan especial que tienen trabajando para ellos. Quiero dejarle saber que, hasta donde yo puedo ver, ustedes tienen a un verdadero triunfador en Juan

Pérez. Estas son tres de las cosas que particularmente aprecio de mi jefe, características y logros de los cuales ustedes no están al tanto…» Luego enumere los puntos y concluya, «Contando hasta la presente semana, el tiempo que he estado con la compañía son X número de años, y una de las principales razones por las cuales continúo disfrutando venir a trabajar los lunes por las mañanas es Juan Pérez».

17 ◆ Ofrezca una mano amiga

Todos nosotros caemos en ocasiones en nuestros propios hoyos. Cuando eso sucede, intentamos encontrar el camino por nosotros mismos subiendo por las resbalosas paredes del hoyo —fracasando con frecuencia y quizás hasta haciéndonos daño en el intento— o nos cruzamos de brazos y nos damos por vencidos. La mejor alternativa es clamar por ayuda.

Como alentadores, necesitamos estar alerta a personas cuyos problemas les llegan hasta los hombros y no están clamando por ayuda.

Al ser alentador...

Acérquese quietamente para ayudar No asuma una actitud prepotente ni trate de tomar control de la situación. Pregunte qué puede hacer, en dónde puede encajar en el proyecto, y entonces siga por ahí.

Prepárese para tareas comunes Las labores esenciales son las que más se necesitan.

No busque ser la estrella principal Aun cuando su fuerte sea la decoración, puede ser que se necesite quien lave los platos. Esté preparado para ayudar en donde más se le necesite, no en lo que usted es más competente.

Llegue listo para trabajar Hay muchas tareas que pueden hacerse mientras se conversa. Otras no.

Posiblemente deba trabajar aislado. Esté preparado para hacer cualquier cosa que sea necesaria.

No espere alabanza o gratitud espectacular La persona está agotada por completo debido a su proyecto y bien pudiera ser que estuviera tan atormentada mentalmente o tan fatigada fisicamente, que pudiera no comprender todo lo que usted acaba de hacer.

Nada alienta tanto a una persona que se encuentra llevando una pesada carga como el tener a alguien que se acerque para ofrecer su hombro.

18 ◆ Perdone la deuda

Las deudas con toda seguridad deben ser uno de los diez factores más desalentadores de todos los tiempos. Ha destruido incontables relaciones a través de los siglos, ha infligido gran destrucción en familias y pueblos, y ha causado innumerables suicidios y muertes prematuras a través del estrés. La Santa Biblia se refiere a las deudas como a una «maldición». Todo aquel que lucha bajo su peso sabe que eso es verdad.

¿Hay alguien que le deba dinero?

¿Es una deuda honesta, verdaderamente basada en la necesidad de la persona o en las circunstancias extenuantes?

¿Necesita usted que le paguen para pagar a su vez otras deudas?

Si sus respuestas son sí, sí, y no... considere la posibilidad de cancelar la deuda. Esto habrá de darle a su deudor una enorme cantidad de aliento.

Cursos de acción Al perdonar una deuda...

• ponga su deseo de cancelar la deuda por escrito.

Permita que la persona tenga algo más que solamente su palabra hablada de perdón. Tal documento habrá de establecer el hecho de la deuda y asegurará a la persona su sinceridad en perdonar la cantidad adeudada.

- no reemplace un tipo de deuda por otro

No tenga una agenda escondida, o alguna condición, para su oferta. Por ejemplo, «Me gustaría perdonarte la deuda, pero espero contrates a mi sobrino en tu compañía». U, «Olvidémonos de la cantidad que me debes; espero poder contar con tu aval». Estas no son verdaderas cancelaciones de deudas. Lo que usted está haciendo es simplemente requerir un tipo de pago diferente.

Circunstancias especiales La deuda que le deben quizás no sea en dinero. Puede ser una deuda del tipo «te debo una», un favor o un regalo de tiempo o servicio. Sea sensible al hecho de que los seres humanos a menudo ofrecen sus servicios y tiempo, para después darse cuenta de que las circunstancias les impiden cumplir su compromiso. Deje a la persona en libertad si usted sabe en su corazón que eso es lo mejor que debe hacer por ella.

Algunas otras veces, usted querrá ofrecerle a la persona una forma más fácil de pago, tal como abonos más pequeños durante un período de tiempo más largo, cancelar los intereses de un préstamo, o aceptar el pago en forma de trabajo en lugar de efectivo.

Quizás usted no pueda perdonar el total de la deuda, pero sí reducir la cantidad debida.

Por ejemplo, pida que se le reembolsen los gastos en que usted debió entrar, pero no cobre por sus horas de trabajo.

Es posible encontrarse en la posición de cancelar una deuda con esta estipulación: «Dame una prueba de que ya has ido a ver a un consejero de créditos o a un consultor financiero certificado y tu deuda conmigo quedará cancelada por completo». Para alguien que es descuidado con el dinero y tiene un patrón enfermizo de excederse y extralimitarse en lo que gasta, este pago en formación puede servir de aliento para un buen rato.

Un préstamo no debe cancelarse si eso habrá de propiciar pereza, ociosidad o avaricia en la otra persona. Esa cancelación del préstamo realmente no resulta alentadora; eso propicia en la persona el mantener un patrón insano e irresponsable de pedir prestado y de gastar.

Por otro lado, el cancelar un préstamo cuando la cantidad claramente representa la presencia de necesidad o un honesto error, puede alentar grandemente a la persona a salir adelante con la cabeza en alto.

19◆ Provea ayuda material o financiera

Este tipo de aliento se puede manifestar de varias maneras:

- Para el hambriento, el aliento viene en forma de una hogaza de pan
- Para quien no tiene ropa adecuada para el invierno, el aliento viene en forma de un saco abrigado y de zapatos nuevos
- Para aquel que no tiene los medios para hacer el pago de su casa, el aliento viene en forma de ese pago
- Para la persona sin medio de transporte, el aliento viene en forma de boletos para el autobús, o un nuevo alternador para su carro viejo.

Regalos anónimos En casi todos los casos, el mejor método para dar ayuda material o financiera es en forma de «regalos anónimos». La canasta de frutas y vegetales que aparece en la puerta de entrada. El sobre con dinero que es deslizado bajo la puerta (o el giro postal que llega por el correo). La bolsa de ropa que es entregada por un «mensajero contratado» (con todos los artículos de ropa limpios y en buenas condiciones). La caja de útiles escolares que llega a la puerta.

Los artículos que usted regale a otros no necesitan ser nuevos ni costosos. Las frutas y vegetales pueden provenir de su jardín o huerta. La ropa puede ser de aquellos miembros de la familia que han crecido y ya no la pueden usar. El punto aquí no es proveer lo mejor, lo más nuevo, lo más vistoso, sino llenar una necesidad real con tanta calidad como sea posible.

¿Quién necesita ayuda? Algunas veces la persona que está en necesidad de ayuda material o financiera no es sólo la que está desposeída (por ejemplo, quien está sin trabajo, o incapacitada para trabajar en el presente), sino la persona que a duras penas está sobreviviendo.

Para el padre o la madre que se encuentra luchando para criar dos niños pequeños sin ayuda de un cónyuge, el apoyo viene en forma de algún amigo de confianza que pueda pasar por los niños para cuidarlos, de modo que esta persona tenga la casa, la televisión y la tina del baño para ella sola.

Para la pareja de recién casados que a duras penas le queda un poco de dinero al fin de mes, el aliento viene en forma de un certificado de regalo para una cena y una película.

Para la persona anciana que vive con un salario fijo, el aliento viene en forma de una persona que venga a desyerbar el jardín, y regrese para barrer las hojas.

Para la esposa y madre que acaba de volver a casa del hospital, el aliento viene en forma de un par de cacerolas con comida y una mano amiga que pueda empujar la máquina aspiradora.

Alentar es encontrar el área de necesidad en la vida de una persona y hacer lo mejor que uno pueda para llenar esa necesidad.

20 ♦ Déjele partir

Tener a alguien que le esté deteniendo fuertemente, o por mucho tiempo, es desalentador.

Por el contrario, tener a alguien que le haya dejado partir —permitiéndole a usted más espacio, más libertad, más opciones, más movilidad de la que previamente tenía— puede ser tremendamente alentador.

Si usted está deteniendo a alguien, por cualquiera que sea la razón, considere el dejarle partir. Permita que la persona tome las riendas… vuele sola… intente cosas nuevas… explore.

¿A quién está deteniendo? Muy a menudo tendemos a detener a nuestros hijos de participar en ciertas actividades porque tenemos miedo de que puedan salir lastimados. Debemos reconocer que el detenerlos puede también ser una fuente de dolor para ellos. Evalúe la situación tan honestamente como pueda hacerlo. Busque el consejo de algún profesional. Hable con otros padres que hayan pasado por lo que usted está enfrentando. Y tanto como le sea posible, déjeles partir.

Ciertamente esto no es abogar para que sus hijos e hijas hagan cuanto les plazca, o permitirles cualquier tipo de actividad en su casa aunque sea ilegal o inmoral. Tampoco quiere decir que usted deba sancionar el comportamiento inmoral o ilegal fuera de su hogar. Quiere decir que inevitablemente llega el tiempo en que se le hace un mejor servicio al niño dejándolo montar en su bicicleta sin necesidad de las llantitas de entrenamiento, aun cuando esto pueda significar unos cuantos golpes y rasguños en las rodillas. Hay un momento en que su pequeño necesita dejar el hogar, aunque usted no pueda saber, con certeza, dónde y qué estará haciendo a las 2:00 a.m.

Algunas veces retenemos a nuestros colegas y amigos porque tenemos miedo de perder su amistad o nos da miedo de que, en medio de su éxito, se vayan a olvidar de nosotros. Si trata de retener a alguien habrá de matar esa relación de amistad o de trabajo.

También retenemos a nuestra pareja porque sentimos miedo de perder autoridad sobre ella o intimidad con ella. El resultado de retener a alguien tiende a ser resentimiento e ira, y ambas cosas habrán de ocasionar eventualmente que la persona se escape.

Discuta la situación   ¿Cómo puede saber usted si está reteniendo a alguien? Seguramente la persona se lo dejará saber. «No te preocupes tanto», quizás le dirán. O «No soy propiedad tuya». O «Me estás sofocando». O «Tengo que ser yo misma». Si escucha tales afirmaciones, entable una honesta y directa discusión: «Por favor dime exactamente qué te gustaría estar haciendo y de qué manera te estoy reteniendo». Esté preparado para una conversación fuerte.

Déjele saber al otro cuáles son sus preocupaciones. Si el asunto tiene una raíz de índole moral, haga escuchar su opinión. Si el asunto involucra a la ley, establezca las consecuencias. Exprese cada signo de precaución que desee, pero cuando todo haya sido dicho, déjele ir. En algunos casos quizás podrá negociar un trato (lo cual es una forma excelente, para usted, de construir confianza aun cuando la persona amada pruebe sus propias alas).

La tendencia a retener a los demás está a menudo fundada en miedo. El miedo desalienta.

Tenga fe en la gente. Confie en que ellos habrán de darle a la vida su mejor esfuerzo. Crea en sus habilidades para lograr el éxito. La fe alienta.

———

21 ◆ Provea un animal para domesticar

Durante la pasada década, se han hecho descubrimientos sorprendentes en hospitales, en hospicios para ancianos, centros de rehabilitación, y comunidades de retirados, a lo largo de la nación. La conclusión es que las mascotas pueden ayudar en el proceso de sanidad.

Valor terapéutico Las mascotas parecen ser valiosas en muchas maneras:

1. La persona aislada, desanimada, enferma, o solitaria es puesta en contacto —literalmente— con algo vivo, completo, tibio y vibrante. Tocar, acariciar, cargar, acurrucarse y jugar con una criatura viva —especialmente un perro o gato— anima a vivir.

2. La persona deprimida o desalentada tiende a mostrar una creciente voluntad de vivir cuando hay animales a su alrededor. Un sentido de responsabilidad por la criatura viviente pareciera ir mano a mano con un deseo por la vida.

3. La persona que siente que nadie la ama, rechazada o abandonada, se beneficia del contacto con un animal que muestra amor y lealtad incondicionales aun a través de la meneante cola de un cachorrito o del ronroneo de un gatito dormilón.

4. La persona con presión sanguínea alta y palpitaciones rápidas tiende en realidad a experimentar una

baja en la presión sanguínea y en el ritmo de su corazón cuando se encuentra acariciando a una mascota.

5. La persona que está incomunicada, enojada o frustrada a menudo se beneficia al tener a una mascota con una opinión no prejuiciada, un oído atento, y de la ausencia de opiniones argumentativas. Hay una ventaja que se percibe en el hablar en voz alta a las mascotas —dar voz a las preocupaciones y heridas— aun cuando la mascota no pueda responder.

Normas ¿Quiere animar a quien está desalentado? Lleve con usted su mascota para que esta persona la cargue o juegue con ella.

¿Quiere animar a una amiga que ha perdido a su esposo recientemente, como resultado de muerte o divorcio? Considere el comprarle una mascota. Pero primero discuta la compra con la persona.

Sin embargo, no todos los animales son para todas las personas. Siga algunos lineamientos del sentido común:

- Lleve su animal con usted solamente si es, de verdad, un animal amigable con buenas «habilidades de mascota». ¡No gatos indiferentes ni perros tristones, por favor! Los gatitos o cachorritos son generalmente más fáciles de cargar y acariciar, que los gatos o perros crecidos.
- No lleve animales a los cuales su amigo pueda ser alérgico. Pregunte con anticipación.
- No deje que los animales corran a sus anchas por la habitación de la persona, en la casa o vecindario.
- Antes de comprar una mascota para un amigo, considere los arreglos de vivienda. ¿Se trata de un apartamento? ¿Están permitidas las mascotas en el lugar? ¿Cuál es el horario de trabajo de su amigo? ¿Viaja mucho? ¿Trabaja por las noches?

¿Es una persona a quien le gustan las actividades al aire libre? ¿O es del tipo de persona casera? Trate de encontrar una mascota que sea una buena compañía para el temperamento y estilo de vida de su amiga. Por ejemplo, usted puede encontrar que los peces son las mascotas más relajantes para el alto nivel de estrés de su colega de alta tecnología. Por otro lado, un perro grande con quien su solitario amigo de los suburbios pueda salir a correr por las mañanas puede ser la mejor mascota.

- No lleve un animal a la persona que le tiene miedo a ese tipo de animal (sea un pájaro o un perro). No de por sentado que su mascota habrá de ayudar a esa persona a vencer su miedo de toda la vida.
- Infórmese antes de llevar una mascota a las instalaciones de un hospicio de ancianos o a un hospital.

22 ◆ Enfatice lo positivo

Puede ser una historia milagrosa de su propia vida.

Puede ser la historia que usted leyó en una revista o escuchó en un programa de televisión.

Puede ser un incidente en la vida de un amigo o un ser amado.

Sea cual sea la historia, si es positiva, con mérito y aplicabilidad para la persona desalentada, dígala. Permita que las buenas noticias fluyan.

El Nuevo Testamento de la Biblia ofrece este consejo:

> Todo lo verdadero,
> Todo lo noble,
> Todo lo justo,
> Todo lo puro,
> Todo lo amable,
> Todo lo de buen nombre,
> Si hay virtud alguna,
> Si algo digno de alabanza, en eso pensad.
>
> Filipenses 4.8

Ciertamente estas palabras son apropiadas para cualquier persona sin importar la época. Sin embargo, lo verdaderamente sorprendente es que son las palabras de un hombre, el apóstol Pablo, quien sufrió en carne propia el haber sido azotado cinco veces (treinta y nueve latigazos en cada una de ellas); tres veces golpeado con varas; un apedreamiento; tres naufragios; un día y una noche luchando en alta mar por llegar a tierra; interminables viajes; cansancio, hambre, sed, ayunos, sujeto a las inclemencias del medio ambiente; y virtualmente criticado constantemente por todos lados durante la ultima mitad de su vida. Las palabras escritas a los filipenses salieron de la pluma de un hombre encarcelado (y en retrospectiva podemos decir que estaba viviendo «camino a la muerte»).

Aférrese a la esperanza En lugar de decirle a su desalentado amigo respecto al tiempo durante el cual usted se sintió igual de decaído, háblele acerca de lo que usted hizo para «levantarse» de nuevo.

En lugar de decirle a su amigo enfermo respecto a un pariente que murió de la misma dolencia, cuéntele sobre la persona que usted conoce que sobrevivió a la enfermedad y vive ahora una vida plena y llena de significado.

En vez de consolar a su amigo divorciado con las estadísticas que lo colocan a él en la mayoría del grupo de su edad en nuestra sociedad, cuéntele acerca de cómo su corazón herido puede sanar, y aliéntelo a mirar hacia el futuro con esperanza.

En lugar de compadecerse de su amigo en bancarrota respecto a la deuda nacional, explore algunas ideas concretas respecto a cómo puede recuperar su estabilidad financiera.

Si hay un 60 porciento de posibilidades de fracaso, enfóquese en el 40 porciento de probabilidades de lograr el éxito.

Si hay un 90 porciento de predicción de muerte, enfóquese en el 10 porciento de posibilidades de vida.

Para cada pronóstico o proyección negativa, hay al menos una «excepción». Elija hablar de ella.

Crea en lo mejor Sin embargo, no necesita ignorar la realidad o descuidar las dificultades. Enfréntelas con esperanza, espere el mejor resultado posible y continúe creyendo, no importa las circunstancias que surjan.

Crea que el matrimonio puede salvarse, hasta que la sentencia de divorcio sea final.

Crea que la enfermedad será curada, hasta que cese el último suspiro.

Crea en el regreso de su hija a casa, hasta que lo haga.

Y aun cuando el divorcio, la muerte y el desencanto prevalezcan, siga creyendo que algo bueno está por venir. Cada final es el principio de algo más.

La historia trágica, el semblante caído y el punto de vista negativo traen desaliento.

La historia vívida, la sonrisa en la cara y la mirada de asombro dan aliento.

—

23 ◆ Sea leal

Cuando el ritmo de la vida se vuelve más pesado...

Cuando la crítica comienza a volar...

Cuando se lanzan las acusaciones...

O cuando se profieren amenazas contra alguien a quien usted conoce y ama...

¡Levántese! Exprese su apoyo. Resalte los rasgos positivos de la persona, sus logros y sus acciones. Muestre su lealtad en términos claros.

Como producto del intento de golpe de estado de 1991 contra Mikhail Gorbachev, el anterior líder de la Unión Soviética, varios de sus asistentes fueron despedidos de sus puestos de poder, por haber mostrado «pasividad» ante las órdenes de los estrategas del golpe de estado. Sentirse leal no era lo importante; demostrar lealtad si lo era.

La defensa adecuada   A pocos de nosotros nos tocará tener colegas, miembros de la familia, amistades o superiores que enfrenten un atentado mayor contra ellos. La mayoría de nosotros, sin embargo, tendrá amplia oportunidad para defender a aquellos que están cerca, en contra de los chismes, las mentiras y las calumnias que escuchemos acerca de ellos.

Con frecuencia un simple comentario como «Yo cuestionaría eso» o «Yo dudo que eso sea verdad» será suficiente para acabar con un hiriente rumor. Algunas veces basta con decir, «Esa persona es mi amiga» o «Yo no sé nada respecto a eso», para poner el alto a una historia intrigante.

Al defender a una persona amiga...

- asegúrese de que cuenta con la información correcta. No especule. Obtenga los hechos lo mejor posible. Vaya directamente a su amigo y pregúntele si tales acusaciones llevan algo de cierto.
- cerciórese de que cuenta con razones sólidas para su sustentadora opinión. Sepa por qué está usted del lado de la decisión de su amigo, de su idea, voto o curso de acción.

Apoyo abierto Aun si su amigo resulta ser el más vil criminal en los anales de la historia (lo cual es improbable), usted puede dar la cara por su amigo y expresar verbalmente su apoyo:

- *«Yo creo en el potencial de mi amigo. Conozco el lado bueno de él. Y opto por creer en él, por las cosas buenas en su vida y de su vida».*
- *«Yo reconozco lo que mi amigo ha hecho. Y me doy cuenta de las horribles consecuencias que está enfrentando. Con todo y eso, encuentro mayor razón para ser su amigo en estos momentos. Si es que nunca antes necesitó a un amigo, es hoy cuando lo requiere».*
- *«Yo sé que mi amigo tiene culpas. Todos nosotros las tenemos. Por eso elijo estar a su lado en su fracaso o debilidad, porque necesito que otra gente esté a mi lado en mis propias fallas y debilidades».*

Su amistad no tiene que ser ciega. Sólo necesita ser fuerte.

Su actitud de lealtad por su amigo puede ser el único signo de aliento que él vea en una situación más bien desoladora. Puede ser la única razón por la cual no se haya hundido en la desesperación.

La lealtad le llama a poner su reputación —y en algunos casos hasta su trabajo o su vida— en la línea de fuego por otra persona. ¿Hay algún otro acto que pueda dar mayor aliento o que muestre mayor amor que éste?

24 ◆ Ayude a la persona a buscar más ayuda

Muy pocos de nosotros tenemos entrenamiento como consejeros o psicólogos. Y aun mucho menos somos psiquiatras con entendimiento médico del cerebro.

Llega un punto en el cual debemos reconocer que no somos capaces de proveer todo el aliento y ánimo que otra persona necesita. Cuando ese momento se presenta, debemos considerar las siguientes acciones:

Extraiga apoyo de un grupo Invite a sus amigos para circundar a la persona constantemente. Provea una cadena permanente de aliento. Involucre a otros en el proceso de proveer ayuda y apoyo.

Sugiera entrenamiento En algunos casos, una persona necesita información en el mismo grado o quizás más que un hombre donde llorar. Un estudio formal en comunicaciones, sicología, finanzas, nutrición, y así sucesivamente, puede proveer la información que su amigo necesita para «autoayudarse» a vencer sus problemas. En algunos casos, ese entrenamiento puede venir en forma de una serie de libros recomendados.

Sugiera ayuda profesional   Refiera a su amigo a un terapeuta profesional, una persona altamente capacitada en el área particular en la cual su amigo necesita apoyo. Puede ser una persona entrenada como:

- consejera matrimonial
- sicóloga
- doctora en medicina
- consultora financiera
- oficial de préstamos
- abogada
- experta en cuidado infantil
- defensora del consumidor
- oficial de policía
- ministro o sacerdote

En algunos casos, una terapia intensiva puede ser justificada, quizás mediante la admisión a un hospital o clínica que provea tratamiento para pacientes internos. No estigmatice esta decisión. Esté agradecido de que su amiga se disponga a ser ayudada, y apóyela en la decisión de tomar el tratamiento recetado.

Si la persona está dispuesta a buscar ayuda profesional, usted puede sugerir que ambos visiten a un amigo mutuo de confianza (quizás el pastor o pastora, ministro). Exprese su disposición de escuchar de boca de ese amigo mutuo que usted está exagerando o que su preocupación es infundada. Asegúrese de la firme promesa de la otra persona para seguir cualquiera que sea el consejo que se le dé.

Promueva la participación en un grupo de apoyo
Literalmente, millones de personas han sido ayudadas a través de grupos tales como Alcohólicos Anónimos, Quita Kilos, y un incontable número de otras organizaciones que promueven la autorecuperación y la res-

ponsabilidad de pertenecer a un grupo. Los programas de doce pasos están disponibles hoy día en casi todas las áreas de los vicios y debilidades humanas.

Si la persona rehúsa todas las sugerencias u ofertas de obtener ayuda adicional, usted tendrá que confrontarla con la incapacidad suya para continuar en esa relación tal como se presenta en el momento. Exprese clara y sencillamente, en términos directos, sus frustraciones, cansancio y preocupaciones. Declare su intención de obtener ayuda para usted mismo y después hágalo.

Reconozca los límites de su habilidad como alentador. Haga lo que pueda. Pida ayuda a otros. Y no se sienta culpable por aquello que usted no puede hacer.

A medida que su amigo llegue a estar más completo, sin duda alguna habrá de considerar todas las acciones que usted realizó como «alentadoras» en pro de su salud, aun aquellas que le hubieran parecido dolorosas o confrontantes inicialmente.

25 ◆ Comprométase a la amistad

No es necesario jurar los votos.
No se requiere declaración formal alguna.
No hay signos visibles o externos obligatorios.

Un compromiso genuino ¿Qué se necesita para una amistad? El compromiso para caminar la segunda milla por otra persona.

- Escuchar, aun cuando usted quiera hablar.
- Llorar juntos por alguna cosa importante para uno de los dos.
- Estar presente en los buenos y en los malos tiempos, y en muchos otros más de las épocas intermedias.
- Compartir secretos, opiniones, ideas, problemas, bromas y éxitos.
- Poner el bienestar de la otra persona antes que cualquier otra tarea o evento.
- Jamás estar tan ocupado como para no contestar una llamada telefónica.
- Recordar días especiales y señalar las ocasiones importantes en la vida de su amiga.
- Celebrar el hecho de que la otra persona está viva en esta tierra.
- Creer siempre en lo mejor y ayudar a superar lo peor.

No hay nada más alentador que tener un amigo así.

Un compromiso de dos vías Sin embargo, hacen falta dos para tener una amistad. Usted no puede simplemente decidir ser amigo de otra persona. La verdadera amistad casi siempre requiere una mutualidad de contextos, creencias y valores.

Un compromiso firme Aun más, la verdadera amistad requiere cultivarse. No sucede simplemente de la noche a la mañana. Requiere tiempo... y más tiempo. Encuentros... y más encuentros. Conversaciones... y más conversaciones. Requiere una voluntad de trabajar a través de los malos entendidos y sobrevivir las diferencias de opinión, de estar de acuerdo a estar en desacuerdo. Significa vencer los celos y admitir las debilidades. La amistad requiere esfuerzo.

Y aun así, tal vez nada es más alentador que saber que uno tiene un amigo sincero a nuestro lado, un amigo de buena fe.

Para tener un amigo, es necesario ser amigo.

Al serlo, usted está dando el máximo regalo de aliento a una persona más.

26 ◆ No se dé por vencido, luche por esa persona

Algunas veces las relaciones fluyen suavemente; otras no. Algunas veces estamos en una espiral ascendente en la que todo parece ir a nuestro favor; otras, no podemos encontrar nuestro camino.

Constancia Quizás la característica número uno que debe tener la persona «animadora» es la constancia. La «alentadora» permanece ahí, creyendo siempre que la desalentada habrá de salir adelante, vencerá la situación y la dejará atrás. La persona alentadora es la que sobrevive la tormenta, reconoce que la situación es temporal y no el cataclísmico fin del mundo.

Permita que quien está desalentada, desanimada o deprimida entienda a través de su presencia, sus acciones y sus palabras que usted anhela estar a su lado para celebrar el final de la crisis. Usted espera estar presente para dar la bienvenida al nuevo amanecer, para ayudar a recoger la cosecha de felicidad, y para alegrarse cuando la marea finalmente haya cambiado.

- Establezca contacto regularmente
- Visite con frecuencia
- Llame fielmente

Elija caminar con determinación a través de toda la experiencia triste, y camine con cautela en cada nuevo pantano de problemas, no importa cuán interminable sea la travesía.

¿Por qué? Solo porque se siente movido a hacerlo. Porque usted ha elegido hacerlo. Porque hay un impulso interior que lo lleva a hacerlo.

¿La única razón para detenerse? Si la otra persona quiere que usted pare, o rehúsa recibir cualquier oferta de aliento.

Persistencia   Quizás ni siquiera le sea agradable la persona a quien está alentando. Quizás ni siquiera es alguien a quien usted considera su «amiga». De hecho, ella puede no desear su acto inicial de amabilidad. No obstante, si hay algo dentro de usted que dice, «Necesitas ayudar a esta persona», siga su instinto y hágalo desde el principio hasta el fin esperando que sea glorioso.

La vida tiene extrañas maneras de lanzarnos en los caminos de otros. No pelee por el hecho de que su barco se estrelló en un muelle en particular. Regocíjese por ello. Por más peculiares que resulten algunos eventos, en otro plano es probable que tengan sentido y sean parte de un magnífico diseño demasiado enorme como para que cualquiera de nosotros pueda comprenderlo. ¿Hay alguien que pareciera haber sido puesto frente a usted, alguien, probablemente dispuesto a recibir lo que usted tiene para dar, alguien hacia quien usted se siente movido a compartir su mejor y más brillante rayo de esperanza? Pues entonces... ¡brille como el sol! Y no se dé por vencido.

Cosas que decir

27 ♦ «Me fascina...»

Ser un «alentador nato» es un poco como ser un Santa Claus de cumplidos. Palabras esporádicas de apoyo en dondequiera que sean necesarias. Hable con sinceridad. Sea generoso al expresar buenas palabras. No diga lo mismo a todo el mundo. Busque nuevas formas de expresar sus elogios.

La mayoría de la gente escucha veinte comentarios negativos, o más, por cada comentario positivo que escucha. Elija alentar con un comentario positivo.

No necesita conocer a la persona para hacer un cumplido respecto a su apariencia. Algunas veces, el comentario del desconocido en el elevador o en el taxi, del empleado que nos atiende o del portero realmente ilumina el día de una persona.

Características Cada persona tiene por lo menos una característica física atractiva. Tome nota de ella.

- *«Tienes una bonita sonrisa»*
- *«Realmente me encanta tu pelo rizado»*
- *«Tienes unas manos hermosas»*
- *«Tus ojos son fascinantes»*
- *«Me encanta el hoyuelo que se forma cuando te ríes»*

Apariencia En algunas ocasiones el objeto de su admiración puede ser algo que la persona esté vistiendo.

- *«Ese vestido te queda maravilloso»*
- *«Me gusta tu corbata»*
- *«Realmente te ves encantador con ese color»*

Presencia Algunas veces puede enfocarse en la forma general en que la persona se conduce o proyecta su personalidad.

- *«Tú siempre vienes con los más fabulosos atuendos»*
- *«Me gusta como te queda ese estilo de peinado. Lo llevas muy bien, son pocas las personas que lo hacen»*
- *«Tú siempre entras a todas partes con una actitud muy positiva. Creo que es la forma en la que cargas tus hombros al caminar»*

Lo «nuevo» Si usted sabe de alguien que se ha embarcado en la empresa de forjar una «nueva y mejor apariencia», haga algún comentario positivo.

- *«Realmente te ves genial en estos últimos días»*
- *«Me gustan tus nuevos lentes»*
- *«Caramba, qué lindas uñas»*

El cumplido sincero le dice a la persona: «Eres digna de ser admirada. Eres atractiva». Esa es una noticia alentadora.

Sus elogios y cumplidos serán apreciados de manera especial cuando la persona está a punto de iniciarse en algo o emprender una tarea difícil, por ejemplo antes de una presentación de ventas, antes de ir a la oficina del jefe, minutos antes de la primera cita romántica, o los segundos antes de levantarse el telón. Los cumplidos personales respecto a la apariencia externa a menudo encienden un fuego de confianza interior.

28 ◆ «Gracias»

Algunas veces la palabra más simple de aliento es «gracias».

Más de una labor pasa sin ser apreciada. Más de un favor, inadvertido. Más de una acción noble, permanece en el silencio. Todo lo cual conduce al desaliento.

El escuchar un «gracias» le dice a la persona...

- «Aprecio lo que has hecho»
- *«Haz hecho una diferencia positiva»*
- *«Lo que hiciste (o dijiste o diste) tiene mucho valor (mérito o importancia)»*

Las tareas no apreciadas Hay muchas labores en la vida que son rutinarias y mundanas. De hecho se les conoce como labores no apreciadas. ¡Qué alentador tener alguien que dé las gracias por realizarlas!

- *«Gracias por cocinar tan excelente cena»*
- *«Gracias por lavar el carro»*
- *«Gracias por sacar la basura esta mañana»*
- *«Gracias por trapear el piso»*

Las cosas que siempre se esperan Con frecuencia descuidamos a aquellas personas a quienes más queremos y están más cerca de nosotros. ¿Les ha dado gracias a sus padres últimamente por todas las cosas que han hecho por usted a través de los años? ¿Le ha dado las gracias a su esposa por estar a su lado, tanto en las buenas como en las malas? ¿Le ha dicho a sus empleados cuán valiosos son ellos para usted? Deténgase por un momento y cuente todas las cosas por las cuales tiene que estar agradecido. Comience por expresar palabras de agradecimiento a aquellas personas que deben oírlas.

Piense en los años de su infancia. ¿Quién jugó una parte importante en su vida, ayudándole a convertirse en lo que es hoy día? ¿Una maestra? ¿Un vecino? ¿Una persona líder de la escuela bíblica dominical? ¿Un entrenador? Dígale hoy «gracias». Eso les alentará.

Al decir gracias...

- Ponga sus sentimientos por escrito siempre que sea apropiado.
- Sea específico. Cite algún momento en particular, un regalo, atributo, acción. Refiérase al tiempo y espacio. Diga qué disfrutó o valoró.
- Sea oportuno. No espere hasta la llegada del verano para escribir notas de agradecimiento por los regalos recibidos en diciembre.
- Sea genuino. No exagere su acción. No muestre su aprecio con desdén.

Decir «gracias» anima a la persona a continuar haciendo el bien al aplaudir lo que ya se ha hecho. Significa tomar en cuenta el tiempo, el esfuerzo y el amor. Un sincero «gracias» toca el corazón.

29 ♦ Realmente lo hiciste muy bien

Sea generoso en aplaudir la labor y los logros de los demás. Eso les animará.

¿Qué decir? El acercamiento directo y honesto es el más simple y mejor.

- «¡Felicidades por tu premio! Te lo merecías».
- «*De verdad disfruté tu actuación en (y nombre la producción teatral, musical, o cualquiera otra producción en escena)*».

Dígale a la persona cómo se sintió usted.

- «*Estuve muerto de la risa toda la noche*»
- «*Me movió profundamente*»
- «*Me hiciste ver la situación (o la composición) con una nueva luz*»

No deje pasar las pequeñas actuaciones Los pequeños logros también merecen reconocimiento. Permita que el personal de trabajo de su oficina sepa que usted aplaude la presentación que hicieron durante la reciente reunión de ventas. Felicite a su amiga por haber ganado junto con su equipo el torneo de bolos. Haga sentir bien al jovencito que corta el césped de su jardín, escuchándole decir, mientras recibe su sueldo: «Hiciste un excelente trabajo».

Elogios frecuentes para gente joven   Los niños, especialmente, necesitan escuchar nuestras expresiones de elogio con frecuencia. La «actuación» puede ser una pieza de arte de la escuela o una buena calificación en sus tareas. «¡Excelente trabajo!» Dígalo sinceramente, y si tiene un amplio inventario de imanes en la puerta de su refrigerador, exhiba la obra de arte por uno o dos días.

Los niños y los adolescentes necesitan saber que usted aprecia su esfuerzo, aun cuando el equipo pierda el partido. Es importante para ellos, reconocerles su valentía, aun cuando se les olviden una o dos palabras en las líneas de la recitación. Necesitan saber que usted estuvo mirándolos con orgullo, aunque hayan perdido el paso mientras marchaban con la banda calle abajo.

Elogie con honestidad al pequeño por aquello que ha hecho bien, en lugar de criticarlo por aquello en que ha fallado.

Comparta el recorte de periódico   ¿Ha publicado el periódico de su localidad recientemente la fotografía o un artículo de algún amigo o conocido? Recorte la fotografía o artículo, y envíela a su amigo con una nota que diga: «¡Adelante! Pensé que te gustaría tener una copia extra de esto, para enviarle a un familiar o amigo que viva lejos».

Los otros ganadores   No se olvide de los otros competidores que han obtenido el segundo, tercero y cuarto lugar. Ellos también son ganadores.

30 ◆ «Aquí hay algo que me habló de ti»

Frecuentemente pensamos en otra persona cuando leemos la variedad de mensajes que nos salen al camino, o escuchamos dichos sabios, o historias inspiradoras.

Puede ser un pasaje de poesía...

o un versículo de las Sagradas Escrituras...

o una calcomanía en la defensa de un carro...

o una historia alegre en el periódico...

o el mensaje en una taza de café, encontrada en un lugar de la carretera.

Mensajes Vaya más allá de las palabras alentadoras. Hágale saber a la persona que fue recordada en buena fe y asociada con un mensaje positivo. Eso le animará.

No necesita comprar la taza de café o la calcomanía. Simplemente pase el mensaje que había en ella. Escriba las palabras, y agregue una pequeña nota: «Esto me hace acordar de ti».

Si esas palabras son algo que usted puede recortar (quizás de una revista o del periódico), hágalo. Puede escribir en el margen junto al artículo, «Espero que esto traiga una sonrisa a tu rostro. Pensé en ti cuando lo leí».

Humor   Sea cauteloso al enviar bromas, caricaturas o historias graciosas. No las envíe a menos que esté ciento por ciento seguro de que habrá de estar riéndose con la persona y no, que se esté riendo de ella.

Intereses especiales   Esté especialmente atento a los artículos relacionados con asuntos, proyectos, intereses, pasatiempos, o carreras de sus amigos, sobre todo en aquellos que aparecen en las principales publicaciones. Envíelo con una breve nota: «Se me hizo interesante este artículo y me pregunté si lo habrías visto. No hace falta que me lo regreses». La persona será alentada de saber que usted estuvo pensando en ella, aunque ya disponga de la información. (Asegúrese de que el nombre y la fecha de publicación estén incluidos en el recorte que envíe. Probablemente el artículo sirva para referirse y citarse más adelante.)

A todos nos gusta pensar que descansamos placenteramente en la mente de otras personas. Es alentador el tener evidencias de que ciertamente así lo es.

31 ◆ ¿Qué puedo hacer para ayudarte?

Estas quizás sean las palabras que mejor recibe cualquier persona que se encuentre pasando por una crisis: «¿Qué puedo hacer para ayudarte?» Estas palabras son especialmente alentadoras si la persona sabe en qué forma necesita la ayuda. (La tarea o crisis puede no ser muy grande; puede tratarse de los cinco minutos antes de que el pavo salga del horno.)

Conozco a alguien que lo dice de esta manera: «Aquí hay diez dedos que están deseosos de ponerse a trabajar. ¿En qué pueden ayudarte?»

«¿Te ayudaría esto?» En ocasiones, la oferta de ayuda puede ser mejor expresada como, «¿Te ayudaría esto en algo?» y luego sugiere la forma en la cual está usted dispuesto a ayudar, puede hacerlo o siente que podría ser importante. La persona que está intensamente desalentada, deprimida o luchando con el estrés posiblemente no sepa lo que es necesario hacer. Tal vez no sea capaz de articular en dónde o en qué forma se necesita ayuda. Quizás no pueda enfocar con suficiente claridad como para saber cuál es su problema principal. Ofrezca algunas sugerencias sobre distintas formas.

- *«¿Te ayudaría en algo si nos llevamos a tu hijo por el fin de semana?»*
- *«¿Te ayudaría en algo si fuéramos contigo?»*

- «¿Sentirías alivio si yo hago esa llamada telefónica por ti?»
- «¿Te gustaría recibir un poco de ayuda para hacer eso? Al menos en lo que a mí respecta, detesto hacer eso por mí misma».

«Me gustaría...» En algunas otras ocasiones, la persona puede estar renuente a recibir ayuda o no sabe cómo recibirla o pedirla, aunque la necesite y la desee. Trate de sugerir un acto de asistencia o de comodidad: «Me gustaría hacer esto para ti. ¿Te parece bien?»

- «Me gustaría cortar tu césped. Es un buen ejercicio para mí. ¿Estaría bien si lo hago?»
- «Me gustaría llevarte allá. De esa manera podemos pasar un tiempo juntos y no tendrás que preocuparte por encontrar estacionamiento. ¿Qué te parece?»

Investigador sensible Encontrar la manera de ayudar a otros requiere solo una cosa: sensibilidad. Vuélvase un «detective» (opuesto al espía). Esté atento para las expresiones de su amigo, cuándo se siente más decaído, en dónde tiene problemas, o a quién está tratando de evitar. Aprenda a reconocer los «momentos difíciles», y haga lo posible por aliviar en esos momentos.

Considere por ejemplo esta situación. Una amiga ha pasado muchas horas jugando en la cancha de tenis del vecindario con su esposo. Ahora que están divorciados, ella se encuentra renuente a regresar a la escena de los tiempos felices, a pesar de que verdaderamente disfrute jugar tenis. Llámela un sábado por la mañana y dígale, «Vamos a jugar. Es tiempo de crear nuevos recuerdos aun mejores que los pasados».

Una mano amiga expresa un corazón amante. Ambas cosas son alentadoras.

32 ◆ «¡Tú lo puedes hacer!»

El énfasis puede ser puesto en cada palabra de esta alentadora frase:

«¡Tú lo puedes hacer!»

Usted tiene confianza en alguien como una persona con habilidades, talentos, destrezas, valentía y fortaleza. «¡Tú, como opuesto a cualquier otro!» Usted puede afirmar, «¡Sí, *tú!*»

Cuando llame la atención sobre las habilidades de una persona, señale características específicas:

- «Tú tienes el temperamento perfecto para este puesto»
- «Tú estás especialmente capacitada, por tu contexto académico, para esta tarea»
- «Tú tienes las convicciones fuertes que hacen falta para este cargo»
- «Tú tienes el equipo perfecto de amistades y asociados para sacar adelante este proyecto»

«¡Tú lo puedes hacer!» Usted tiene plena confianza en el éxito de la persona. No es un *quizás*. No es *posiblemente*. No es que *tenga la oportunidad*. Sino que *puede*.

Dé razones por las cuales usted cree en el éxito que habrá de tener la persona. Su personalidad. Deseo. Tenacidad. Entrenamiento. Contactos. Experiencia. Tendencias innatas. Compatibilidad psicológica. Dar razones es como darle cuñas a un corredor para prepararlo a acomodarse en la línea de arranque de un proyecto.

«¡Tú lo puedes hacer!» Usted reconoce el trabajo y esfuerzo involucrados, y cree a la persona, capaz de salir adelante y dispuesta a hacer el esfuerzo que habrá de requerirse.

A veces las personas se desalientan porque ven la montaña del desafío, que está adelante, demasiado grande. En lugar de ver el próximo día, visualizan los futuros cuarenta años. En lugar de imaginar el próximo paso en la cadena de eventos, se apresuran a avanzar, mentalmente, a la conclusión. Hable con la persona en términos del próximo paso: «Aprende a gatear... y después aprenderás a caminar... luego podrás aprender a correr... y te podrás entrenar para la carrera corta o el maratón». Fraccione la tarea en sus componentes (subtareas): «Puedes pagar primero esta tarjeta de crédito... y luego esta otra... después ésta... y más adelante el carro... y finalmente la casa». Anime a la persona a establecer metas a corto plazo que sean realistas dentro del contexto de las metas a largo plazo.

«¡Tú lo puedes hacer!» Usted apunta todo su entusiasmo optimista hacia el cumplimiento de una sola meta. Quizás sea necesario definirle esa meta a la persona, porque si se encuentra profundamente atribulada puede ser que no tenga la capacidad de establecer parámetros con respecto a la tarea.

Para quien recién está comenzando un nuevo negocio o carrera, señale las tareas específicas relacionadas con el primer día, de la primera semana de trabajo. Identifique una meta que la persona pueda alcanzar rápido. Ayúdele a anticipar muchos pequeños éxitos, que habrán de dirigirle hacia un éxito mayor.

«¡Tú lo puedes hacer!» debe, por sobre todo, reflejar una actitud. Debe decirse con confianza y con fe. «¡Tú lo puedes hacer!» es la actitud que nuestros padres tenían cuando nos animaron por primera vez para que levantáramos nuestras piernas y camináramos. Todavía sigue siendo un aliento válido para dar a quienes necesiten desarrollar sus piernas emocionales y caminar hacia su máximo potencial.

33 ◆ Algo que realmente admiro de ti es...

A muchos de nosotros se nos ha enseñado desde temprana edad a no tener más alto concepto de nosotros del que debemos tener. Buen consejo. Sin embargo, el elemento clave es «más alto» de lo que debemos. Es bastante aceptable que pensemos de nosotros mismos como debemos al reconocer nuestros puntos buenos y valorarlos. Lo opuesto de orgullo propio es odio propio, que es igualmente destructivo.

Necesitamos aprender a ver nuestras buenas cualidades, no para llenarnos la cabeza con ellas, sino para ver cómo salir adelante. Necesitamos saber *con* qué contamos para trabajar, antes de ponernos a trabajar *en* algo.

Lo más seguro, en una persona desanimada, es que pierda de vista, al menos una porción de sus buenas cualidades personales. En la mayoría de los casos, el desaliento va mano a mano con un sentimiento de insuficiencia o fracaso. Aliente a la persona indicándole sus puntos fuertes. ¿Qué es lo bueno de esa persona? Efectúe un inventario de cualidades. Haga una lista de todos los puntos fuertes como ser humano.

Talentos naturales ¿Qué inclinación natural pareciera tener la persona? ¿Qué se le da con más naturalidad?

¿Cuáles materias en la escuela le resultaron fáciles? ¿En qué áreas disfrutó de éxito en el pasado? ¿Es mecánicamente apto? ¿Tiene inclinaciones artísticas? ¿Es un mago con las palabras? ¿Puede hacer largas sumas en su cabeza?

Características personales ¿Qué resulta atractivo de esa persona para los demás? Vaya más allá de las apariencias. ¿Tiene la habilidad de inspirar confianza en los demás? ¿Es amable? ¿Es honesta? ¿Tiene una mente abierta? ¿Puede guardar un secreto? ¿Piensa antes de hablar? ¿Resulta fácil relacionarse con ella? ¿Se trata de una persona generosa y caritativa?

Don de relacionarse ¿Qué disfruta más al estar con ella? ¿Admira usted el modo precavido con que resuelve los problemas? ¿Sus enormes y ruidosas carcajadas? ¿Su entusiasmo? ¿Su sensibilidad para atender las necesidades de los demás? ¿Su disposición de ser espontánea? ¿Su concienzuda opinión de las circunstancias? ¿La disposición para comunicarse?

Habilidades generales de la vida ¿Puede manejar bien sus problemas? ¿Paga sus deudas a tiempo? ¿Realmente sigue, al pie de la letra, sus planes, haciendo lo que se ha propuesto?

Cada atributo positivo es algo digno de ser notado y aplaudido. Entre más atributos haya en la lista, mayor será el aliento compartido.

34 ◆ «Este es mi gran amigo»

Asegúrese de presentar a sus amigos entre sí. No hay nada tan desalentador como tener a nuestro lado un amigo que se ponga a platicar con alguien a quien no conocemos, y nos deje abandonados en la sombra de la conversación.

Esto es igualmente válido tanto para adultos, como para adolescentes, y pequeños. Así en asuntos de negocios como en cuestiones de amistad. Lo mismo en situaciones casuales, que en aquellas de protocolo formal.

Si usted no puede recordar el nombre de la persona —razón por la cual a veces no se presenta a alguien— siempre será posible señalar algo acerca de la relación que usted tiene con la persona: «Esta cara la veo cada domingo sin falta en la iglesia. El es uno de los miembros más fieles en nuestra congregación». O, «Este es uno de mis compañeros de los padres exploradores. Debiste habernos visto atando vendas para una sesión vespertina de primeros auxilios».

Cuando presente a una persona mencione lo positivo de ella.

Señale un incidente en el cual ella le ayudó «Esta es mi amiga Gracia. Es artista gráfica en nuestra compañía, y puedo decirte lo bien que hizo quedar a nuestro departamento por el diseño de la propaganda de nuestro más reciente producto». O, «Este es Germán, mi vecino. Tiene el maravilloso hábito de cortar el césped de enfrente de mi jardín cada vez que corta el suyo. Ya le debo como 132 cortadas de césped».

Señale una o más habilidades o destrezas   Esta es mi amiga Caty, la mejor editora que he conocido». O, «Este es Jorge, del departamento de ingeniería. Él es quien resolvió el problema con el XK43 el año pasado».

Señale la naturaleza de sus relaciones   «Esta es Tania. Hemos sido amigas por más de dos décadas, y todavía me soporta. Eso puede decirte la paciencia y fortaleza que tiene». O, «Este es Tomás. Es más que un primo segundo. Es un verdadero amigo».

Señale un logro reciente   «Este es Ray. Es el único a quien yo he visto hacer un hoyo de un solo tiro». O, «Este es mi amigo Donaldo. Justamente acaba de sacar su primer disco, con arreglos originales suyos, para piano».

Al presentar a una persona y encontrar algo bueno qué decir respecto a ella, como parte natural de ese proceso, usted está diciendo, «Es una persona valiosa para mí y para el mundo. Considérate afortunado de poderle conocer». La persona a quien usted está presentando no podrá menos que sentirse animada.

35 ◆ Tu eres único

En una sociedad que crea más del 90 por ciento, de todos sus productos, de acuerdo con los principios de producción en masa y al deseo de uniformar componentes y partes intercambiables...

En una sociedad en la que sentimos intensa presión por vernos, vestirnos y caminar rumbo al «éxito» dentro del grupo de nuestros compañeros...

En una sociedad en la que «jugar de acuerdo con las reglas» tiende a llevarnos más allá del «colorear fuera de las líneas»...

Nos es fácil perder consciencia de nuestra originalidad. Sentirnos un simple número más. Entrar en la rutina de la autoidentidad. Perder el contacto con nuestra singularidad. Cuando eso sucede, el consabido malestar trae como resultado, con frecuencia, desaliento.

Ventajas únicas Anime a la persona señalándole que verdaderamente es «única en su género».

- No hay otro juego de huellas digitales exactamente igual al tuyo
- No hay otro timbre de voz como el tuyo
- No hay otra persona que haya nacido precisamente en el mismo lugar y al mismo tiempo, de la misma pareja de padre y madre, y en las mismas circunstancias (ni siquiera una persona gemela)

Y como resultado...

- nadie tiene exactamente las mismas oportunidades en la vida
- nadie habrá de enfrentar un conjunto de circunstancias y problemas idénticos
- nadie procesará información exactamente de la misma manera que tú
- nadie podrá duplicar el trabajo que tú haces
- nadie tendrá un cuerpo que procese los nutrientes y sustancias químicas precisamente de la misma manera
- nadie habrá de tener el mismo impacto en la historia, ni a nivel micro, ni a nivel macro.

Parte de la individualidad reside en tener un conjunto único de amistades, un propósito único en la vida, y un destino único. Parte de nuestra singularidad es el camino jamás recorrido que hemos elegido para rodear, atravesar, y resolver nuestros problemas —únicos— para llegar hacia nuestros logros, metas y aportes únicos.

Aliente a la persona diciéndole, «Nunca ha habido y jamás habrá, otra persona como tú... y me alegro de que así sea. Considero un gran privilegio conocerte en toda tu singularidad».

36♦ «Tú eres como un...»

Piense en algunos de los nombres de los equipos deportivos profesionales. Muchos de ellos están basados en el aspecto del carácter de algún animal, fuerza de poder, audacia, o habilidad, rasgo que esperamos ver desplegado en nuestro equipo. Leones. Tigres. Ángeles. Toros. Gigantes. Cardenales. Balas. Soles. Sónicos. Osos. Delfines. Halcones. Estas son metáforas maravillosas para los sueños y la competencia, asociados con ganar.

Mucho de la vida es mejorado por la metáfora. La persona desalentada, sin embargo, no ve el mundo en colores brillantes. El desalentado tiende a verlo —y verse a sí mismo— en una sombra de grises oscuros. La persona alentadora es quien trae de vuelta el «color».

Retratos vívidos ¿Cómo es su amigo o amiga que está desalentado? ¿Cómo vislumbra que pueda llegar a ser? Asegúrese de pintar a esta persona en su condición máxima o ideal, no en su actual estado de desesperación. Pinte un retrato hablado de ella.

- ¿Tiene su mente tan afilada como la hoja de una navaja nueva?
- ¿Es un cohete al principio de su carrera, con la cuenta regresiva recién comenzando?

- ¿Son sus valores una flecha recta, regularmente penetrante hasta el centro mismo de la situación?
- ¿Es la tortuga que gana la carrera a través de su disciplina diaria y un presionador y constante deseo de salir adelante?
- ¿Es un león protegiendo su orgullo, de sus compañeros?
- ¿Es como un ruiseñor, rápido para cantar optimistamente, en el surgimiento de una nueva estación de crecimiento?
- ¿Es como el sol brillante en la ventana, después de una larga noche de tormenta?
- ¿Es como los rápidos de un río en las montañas: espumoso, vibrante, siempre encontrando alegría, aun en los momentos más difíciles de la vida?

Haga un alto y piense por un momento en su amigo desalentado. Admítalo; la persona está herida, temporalmente decaída, momentáneamente negada o lenta. Rehúsese, sin embargo, a pensar que su amigo está condenado, que jamás podrá levantarse de nuevo. Opte por pensar en cómo era esta persona antes, y más importante aun, cómo puede llegar a ser mejor que nunca.

Retratos auténticos Pinte en la mente un retrato hablado de su amigo, operando al máximo de su capacidad, completo y lleno de energía en su mente, espíritu y cuerpo. Imagínelo relacionándose con otras personas, de manera tal que promueva la comunicación, el progreso, la creación de un mejor mañana. ¿Qué metáforas le vienen a la mente? Tome nota de ellas.

En algún momento que pueda entablar una quieta y profunda conversación con su amigo, comparta sus metáforas. Quizás necesitará explicarlas o profundizar un poco más sobre ellas. No pida una respuesta.

Simplemente pinte la visión de la otra persona en el lienzo de su mente: «Para mi, tú eres justamente como un...»

Retratos mentales   Puede pedirle a su amigo imaginar el retrato que usted está a punto de describir. Pídale verse a sí mismo en la posición o ambiente apropiados. Invítele a poner su cara en la criatura que está siendo descrita. Ponga todo en movimiento conforme lo describe: cómo el primer ruiseñor llega a la escena... el pájaro herido emprende el vuelo de nuevo... las nubes se dispersan.

Cada retrato hablado que usted plante en los «ojos de la mente» de su amigo desalentado, será como una pequeñita infusión de aliento, con un mecanismo de suministro cronometrado incluido. Una vez que hayan sido plantados, los retratos positivos hablados son difíciles de borrar por completo.

37 ◆ Te perdono

«La carga de ellos es intolerable». Tal es la forma en que el «Book of Common Prayer» describe nuestros pecados.

La culpa se vuelve una carga pesada en el alma. Nos desalienta y deprime. Queremos ser lo que no somos. Luchamos y nos quedamos cortos.

Dos de las palabras más alentadoras en español son estas: «Te perdono».

El perdón libera

El perdón restaura

El perdón sana

Puntos en común En lo relacionado con el perdón, hay dos puntos en que, prácticamente todas las ramas del Judaísmo y del Cristianismo, están de acuerdo:

1. Hacemos bien cuando perdonamos a quienes nos hacen mal. La persona que intencionalmente ha perjudicado a otra, lo sabe (a menos que sufra de un defecto de memoria). A un cierto nivel interior, siente el peso de sus hechos. Al perdonar a quien nos ha hecho daño, se logran dos cosas al mismo tiempo.

Nos quita del camino de la confrontación de la otra persona, tanto de si misma como de sus acciones. Ya no somos la «excusa» de ese acto o ese alguien en quien se puede justificar una cierta acción. Al confrontarse a sí misma y a sus actos malos, la persona está en posición correcta para autojuzgarse y crecer.

El perdonar a otros nos libera del impacto negativo del odio en nuestras almas, emociones y cuerpos. Por sobre todo, el perdón puede traer un genuino proceso de sanidad a muchos niveles.

2. *Hacemos bien cuando animamos a otras personas a enfrentar sus propios errores, a disculparse por ellos, y a recibir perdón por ellos —perdonándose a sí mismas en el proceso— para después seguir adelante con sus vidas.*

Ciertamente podemos perdonar a otros aun cuando no nos pidan perdón.

Podemos perdonar a otros en una reunión cara a cara, por correo o por teléfono.

Podemos y de hecho debemos perdonar sencillamente, sin mucha elaboración:

- «Acepto tu disculpa»
- «Te perdono»
- «Considero esto perdonado y en el pasado»

Cuando una persona lamenta sus fallas, errores, faltas y pecados contra otra, usted puede decirle: «Yo no guardo eso contra ti. Pide el perdón a la persona a quien has hecho daño y después perdónate a ti mismo. Sigue adelante con tu vida y deja eso atrás».

Al perdonar a otros usted está diciendo, «Te perdono por no ser perfecto. Acepto el hecho de que, como ser humano, habrás de fallar. Aun así, espero que superes esto, te sacudas, enmiendes las cosas lo mejor que puedas, y sigas adelante».

38 ◆ No estás solo

La persona desalentada, a menudo siente que nadie ha estado jamás donde ella está, o sentido lo que ella, o pensado como ella. Soledad y desaliento a veces andan juntas.

El aliento nace cuando la persona se da cuenta de que ella no es la única en el planeta que se ha encontrado con algún problema o circunstancia específica... y haya sobrevivido para contarlo.

Grupos de apoyo Si usted tiene una persona conocida, desanimada respecto a algún hábito con el cual no ha podido romper —pero le gustaría hacerlo— anímele para buscar un grupo de apoyo de quienes estén envueltas en luchas similares. Puede ser un grupo para dejar de fumar, para llevar una dieta, Alcohólicos Anónimos o cualquiera otra de las numerosas asociaciones de «déjelo anónimamente». Casi es normal, en todos los casos, que estos grupos sean para quienes reconocen tener un problema, desean resolverlo y han enfrentado el hecho de tener dificultad para hacerlo por sí mismas. «La voluntad colectiva» del grupo apoya la fuerza de voluntad débil, y los sistemas médicos de soporte están frecuentemente disponibles para ayudar con los aspectos físicos y sicológicos de la adicción.

Los grupos de apoyo generalmente tienen una cosa en común: la oportunidad de compartir historias personales. A medida que avanzan las anécdotas, la persona desalentada puede llegar a sentir como si estuviera escuchando la «misma canción, con múltiples estrofas» recitando sus problemas. Conforme esa conciencia emerge, los sentimientos de aislamiento y soledad tienden a disiparse. A medida que comparten acerca de lo que ha funcionado y lo que no, en la solución de un problema, su amigo habrá de obtener información constructiva.

Además de los grupos de apoyo las «historias de otros» también están disponibles en libros testimoniales o por medio de películas, videocasetes o conferencistas invitados.

Los talleres son otros buenos lugares para encontrar grupos de personas con problemas similares. Estos, generalmente tienen como objetivo la solución de problemas o el compartir información.

En ciertos aspectos, una iglesia es como un gran grupo de apoyo. Su constante tema es «no estás solo». En tu lucha contra las dudas y el pecado, en tus intentos de comunicarte con Dios, en tus frustraciones en la vida y en tus preocupaciones por el más allá... «no estás solo».

Siempre es posible decir a su amigo, «Yo sé que no está solo. ¿Cómo lo sé? Porque puede encontrar al menos diez personas que han pasado por lo mismo que tú estás pasando. ¿Me acompañarías a buscarlas?»

El sistema de amigos Asumamos por un momento que una persona tiene un problema único. A decir verdad, cada problema tiene aspectos y ángulos únicos en sí mismo, puesto que cada persona y cada relación es única. Aun así, usted puede alentar a quien tiene el problema diciéndole que no está sola. Usted ha escogido estar ahí con ella, en medio del problema.

Además, aunque usted pudiera no haber experimentado precisamente el mismo problema, usted ha sentido sin duda alguna la misma emoción que él está sintiendo. El «miedo» de un divorcio que está para suceder prontamente, no es diferente al «miedo» de un próximo despido de personal, o al «miedo» de la muerte inminente de un abuelo. El miedo a perder, al cambio en una relación, o al aislamiento sigue siendo MIEDO.

Todos hemos estado enojados alguna vez. Todos hemos sentido frustración con nuestras inhabilidades. Todos hemos perdido algo muy querido. Todos hemos fallado en algo que considerábamos importante. Todos hemos luchado en contra de desacuerdos que no nos agradan. Somos seres humanos, criaturas de la misma especie.

Tal vez usted no pueda aconsejar, partiendo de su experiencia o entrenamiento respecto a cómo evitar un problema o vivir a través de éste, pero siempre será posible asegurarle a la persona que usted está presente para «caminar a lo largo de sus emociones» con ella.

Roberto Fulghum, en su famoso ensayo titulado «Todo lo que Realmente Necesito Saber lo Aprendí en el Jardín de Infantes», cita como uno de los principios básicos para la vida, «Cuando sales al mundo exterior, es mejor tomarse de las manos y permanecer juntos». Ese es un buen consejo de vida para todos y una buena noticia para el amigo que camina por la senda del desaliento.

39 ◆ «Yo sé que Dios te ama, y yo también te amo»

Todos anhelamos ser amados con un amor incondicional, puro y generosamente ejercitado.

Los antiguos griegos tenían un nombre para tal clase de amor: *ágape*. *Ágape* es el amor atribuido a Dios. Es amor divino que fluye sin limitaciones y sin la lujuria de *eros* (amor sexual), o sin las limitaciones y condiciones humanas de *fileo* (amor fraternal). Va más allá del amor de nuestra propia familia. Es penetrante, emana desde el propio latido de lo divino.

Dentro de cada uno de nosotros hay una semilla de *ágape* esperando ser encendida para el beneficio de alguien. Con esa llama encendida podemos decir genuinamente, «Te amo, tanto como creo que Dios mismo te ama».

Su amor Para muchas personas, la idea de que usted pueda amarles, les es mucho más fácil de aceptar que la idea de que Dios les ama. La noción de un Dios severo, castigador y listo para destruirnos es muy dominante. La persona desalentada con frecuencia se siente condenada de una cierta manera cósmica, como si fuera su «destino» el ser castigado por las circunstancias o estrangulado por las calamidades de la vida. Puede ser de gran aliento el escuchar decir a alguien:

«Yo creo que Dios es misericordioso. Dios nos ama. Dios te creó para amarte». Una de las cosas más alentadoras que usted puede hacer por alguien es ofrecerle la idea de que la misericordia y el amor divinos les han sido otorgados.

El amor de Dios   Para otros, la noción de que Dios les ama es más aceptable que la idea de que cualquier ser humano lo pueda amar o lo ame. Para estas personas, Dios es, a menudo, percibido como quien tiene el «trabajo» de amar. Su amor es con frecuencia visto como una entidad universal derramada de una manera generalizada, como quien vertiera miel sobre una enorme pila de indefinidos panqueques humanos. Qué alentador resulta para tal persona el escuchar, «Yo te amo porque Dios me ha enviado para amarte. Aquí están mis brazos alrededor tuyo. Imagina que son los brazos de Dios. Aquí está mi hombro para que llores. Imagina que es el hombro mismo de Dios. Estoy diciendo, 'te amo'. Piensa que estas palabras vienen de la boca de Dios».

Para la persona que jamás ha escuchado las palabras...

Para quien no las ha escuchado en mucho tiempo...

Para la que está herida, dolorida y en profundo dolor emocional...

No hay palabras tan reconfortantes como estas: «Dios ha puesto una pieza de su infinito amor, para ti, en mi corazón, y por eso te digo hoy, 'te amo. Y creo que Dios también te ama'».

El amor está a la raíz de toda acción que se realiza para dar aliento y ánimo. A veces ayuda el identificarlo como tal y traerlo a la superficie abiertamente.

40 ◆ «Estás creciendo»

El individuo desanimado rara vez tiene la sensación de estar progresando, tanto en su crecimiento personal, como en sus relaciones interpersonales, en su carrera, finanzas o habilidades. La persona «alentadora» percibe el crecimiento y lo señala como tal.

Cambios específicos Sea específico al citar los cambios positivos. Diga por ejemplo, «Qué cosa, hace algunos meses, un encuentro como ese te habría hecho derramar lágrimas. El día de hoy lo enfrentaste con una actitud completamente diferente».

Diga, «Hace seis semanas no podías caminar más de diez minutos sin sentirte agotado. El día de hoy caminaste veintitrés minutos. Eso es más del 100 porciento de mejoría en sólo seis semanas».

Trabaje con períodos de tiempo lo suficientemente largos como para notar un progreso significativo. Muchas personas que se están recuperando de alguna herida —física o emocional— tienen altas y bajas, con frecuencia dos pasos hacia adelante y uno hacia atrás. Enfatice los cambios de acuerdo con semanas y meses, en lugar de dar reportes de progreso diarios. Muy pocos de nosotros podemos notar un diez por ciento de cambio en cualquier cosa, mucho menos un uno o dos por ciento de cambio, y sin embargo, así es como ocurren la mayoría de los cambios, un porcentaje a la vez.

Cite ejemplos específicos de…

- comportamiento interpersonal

«Hace un año, habrías explotado de ira al escuchar una declaración como esta. Ahora estás buscando una forma constructiva de elaborar tu respuesta»

- atributos físicos

«Hace tres meses pesabas veinte libras más de lo que pesas hoy. A este paso, vas a lograr tu meta para el verano»

- emociones que han disminuido en intensidad

«¡Que no has llorado en cuatro días? ¡Cómo!, si hace noventa días estabas llorando por lo menos unas veinte veces al día».

- entendimiento

«Hace un año habrías barrido esa información bajo el tapete. Ahora estás enfrentando los hechos directamente, en lugar de suprimir las evidencias»

- nuevos hábitos

«Hace seis meses te estabas tomando de cinco a seis cocteles después del trabajo, para relajarte. Hoy día te tomas una soda».

- nuevas habilidades

«Hace un par de meses no sabías ni cómo encender una computadora, y mira ahora todo lo que puedes hacer»

Cuando la persona ha desarrollado un estado mental de «Estoy enferma» (o «estoy deprimida» o «Estoy cualquier cosa...» excepto sana o mejorando), es muy dificil para esa persona el verse en crecimiento hacia un futuro mejor. Quizás usted encuentre útil el discutir con la persona desalentada cuál es su definición de salud o de integridad.

Pregunte...

- «¿Qué estás buscando como un signo de salud?»
- «¿A qué nivel de salud estás anticipando que podrás recuperarte?»
- «¿Qué crees tú, que implique el sentirte completo?»

Metas Ayude a la persona a establecer metas específicas para lograr una mejor salud y un sentido de perfección. Establezca metas con diferentes parámetros de tiempo. Establezcan, por ejemplo, metas de treinta días, metas de noventa días, metas para el próximo año alrededor de estas fechas. Pregunte...

- «¿Qué esperas poder hacer el próximo mes, que no puedes hacer ahora?»
- «¿Qué te gustaría poder hacer dentro de tres meses?»
- «¿Qué te gustaría que estuviera sucediendo en tu vida, por esta fecha, dentro de un año?»

Escriba estas metas para futuras referencias y consulta. Aunque la persona no haya logrado por completo cumplir la meta, señale el nivel de éxito alcanzado.

En ocasiones, la persona desalentada se siente tan deprimida que ni siquiera puede vislumbrar «cómo» las metas pueden ser alcanzadas. La persona simplemente no puede ver qué debe hacer para llegar del punto A al B. En estos casos, ayúdele a desglosar las metas en listas detalladas de cosas por hacer. Apóyele en la planeación de un régimen, menúes, cronogramas, planes de pagos, horarios, etcétera; o recomiéndele expertos que puedan ayudarle con el establecimiento de metas a corto y a largo plazo, y con una planeación estratégica personal.

41 ◆ «Me fascinas»

Su amigo se encuentra profundamente desalentado después de haber perdido su trabajo, a su esposa en un amargo divorcio, y a su padre, en un período de seis meses. Y usted pareciera no poder animarlo. Para cada cosa positiva o alentadora que usted le dice, él contesta con un argumento contrario o una reacción negativa. «¿Qué puede hacer?»

100 Razones

Cómprese un Diario de unas cien páginas y titule el volumen 100 Razones de por qué me fascinas. He aquí algunos ejemplos de las razones que pueden ser incluidas:

- Me fascina la forma de tu boca cuando sonríes
- Me fascina como te ves con tu camiseta verde
- Me fascina de ti, que nunca te cansas de ir a comer enchiladas
- Me fascina de ti que siempre traes tu carro limpio
- Me fascina de ti el hecho de que esta broma te resultaría graciosa (y recorte una broma y péguela en esa página)

Concluya con, «Me fascina el hecho de que tú y yo seamos tan buenos amigos, que no debes sentirte obligado a responderme con cien razones de por qué yo te fascino!».

(Eso le ayudará a no sentirse comprometido, en caso de pensar que usted espera una respuesta similar.)

La persona desalentada, con frecuencia se ve a sí misma como desagradable, intocable, indigna de ser amada y poco valiosa. Hágale ver que eso simplemente no es así.

42 ◆ «Probablemente has caído, pero no estás derrotado»

Una persona desalentada tiende a vislumbrar un futuro exactamente como un día terrible. No puede ver cómo es que algún día podrá sentirse mejor que hoy. No logra imaginar cómo será capaz de funcionar mejor de lo que hoy día.

Mañana fantástico En este momento la persona alentadora necesita decir, «Escucha. Estoy de acuerdo contigo en que el presente no es agradable; sin embargo, estoy seguro de que, en un futuro no muy distante, habrá de ser fantástico».

No deje decir a la persona, «Bueno, siempre seré un inválido». Responda, «Hmmmmm. No estoy de acuerdo. Yo creo que serás válido. No *inválido*. Todavía tienes una gran contribución para este mundo, y es así como lo veo» (y proceda a citar cosas específicas que usted siente con seguridad que la persona puede y habrá de contribuir en la familia, iglesia, grupo social, o comunidad, o hacia usted como amigo).

No le admita decir, «Probablemente jamás encontraré alguien que me ame». Responda, «Discúlpame. ¿Desde cuando yo soy nadie?» Hable de todas las cualidades

de la persona que la hacen atractiva para una futura
pareja.

Redefiniendo Si bien es cierto que su respuesta pudiera parecer graciosa, lo cierto es que usted no está
tomando la situación en broma. Usted está causando
interferencia en la forma en que ella se ve a sí misma.
La está obligando a pensar bien sus expresiones acerca
de su vida, y a redefinir sus planes.

Siempre procure señalar, de manera específica, las
formas en que usted ve a esa persona, actuando y
hablando como alguien que está perfectamente y saludable, es amable y vibrante; alguien que puede hacer
una contribución.

La persona desalentada con frecuencia se encuentra
agotada de energía, reservas emocionales, ideas o creatividad. Sin embargo, el concepto de «agotamiento» es
mucho más positivo que el de «depresión» o «desesperación». El concepto de agotamiento lleva en sí la noción
de que el recipiente puede ser llenado nuevamente. La
energía puede volver. La creatividad puede resurgir.
Las emociones pueden elevarse de nuevo a su máximo
potencial.

Si una persona le dice, «Estoy deprimida», anímele
para decir, en su lugar: «Estoy agotada». Enfatice las
formas en las cuales ella puede ser reabastecida, satu-
rada de nuevo con la buena energía interior que da
fortaleza y vivacidad. «¿Qué hace falta? ¿Qué se debe
agregar? ¿A dónde puede ir y qué es necesario hacer
para recobrar lo que se ha perdido?

La persona animadora debe ayudar a su amigo
desalentado a redefinirse a sí mismo.

43 ◆ Algo bueno está a punto de suceder

Algunas veces la persona se acostumbra tanto a escuchar malas noticias que ya no puede oír las buenas cuando llegan. Pareciera estar permanentemente preparada para lo peor… y en ese estado regularmente, se pierden muchos de los pequeños y brillantes momentos de la vida.

Busque lo bueno La verdad es que, algo bueno está siempre a punto de suceder. Todo depende de cómo se defina *bueno*.

- El amanecer
- El crujiente cereal con leche fría y una taza de café humeante
- Unos abrigadores guantes en una mañana de invierno
- Un autobús a tiempo
- Los colores brillantes de las flores del puesto de la esquina
- Las campanas de la iglesia del vecindario
- La ausencia de facturas en el buzón del correo
- El reflejo del cielo azul y las blancas nubes sobre los charcos que han quedado después de la tormenta
- La meneante cola de un cachorrito

- Los rayos vespertinos del sol a través de la ventana
- El nuevo contacto establecido... el nuevo cliente que telefonó... la nueva persona conocida durante la hora del almuerzo
- El abrazo de un niño pequeño
- Una bañera con agua caliente y llena de burbujas

Todas estas cosas son una delicia, si es que usted decide verlas como tal.

Magnifique lo bueno Las cosas buenas nos suceden a todos. Depende de nosotros el magnificar esos momentos, ser entusiastamente agradecidos por ellos, saborearlos, y guardarlos gratamente en la memoria.

Si descontamos esas cosas buenas, perdemos el sentido de balance en la vida cuando nos salen al encuentro eventos malos, los cuales, con toda seguridad, habrán de sucedernos.

La persona desalentada frecuentemente pierde de vista el hecho de que la vida es una mezcla de cosas buenas y malas, en proporciones variadas. Jamás es completamente de una forma o de otra. Y en realidad, mucho de lo que experimentamos es neutral. La mayoría de los eventos son «buenos» o «malos» sólo si los etiquetamos de esa manera.

Los eventos de la vida, son los eventos de la vida. En casi todos los casos, sólo tienen el calor que nosotros les damos.

La persona alentadora ayuda a la desalentada a descubrir buenos momentos, cosas positivas y encuentros agradables en cada día.

44 ◆ No pierdas la señal de salida

Hoy en día la mayoría de la gente se queja de lo estresante que resulta estar atrapado en la fila más rápida de la vida. Por momentos tienden a sentir como si fueran zumbando, de modo que vale la pena echar un segundo vistazo, antes de poner el acelerador al máximo, para tratar de llegar al punto de destino.

La persona acelerada puede tener un sentido de pérdida y de desaliento respecto a lo que puede estar dejando a un lado. Muchos de los altos ejecutivos expresan un profundo anhelo por tener un lugar y un tiempo sencillos, pero al mismo tiempo admiten frustración por su inhabilidad para imaginar de qué otra manera pueden pagar por las necesidades diarias con menos esfuerzo o a un paso menos acelerado.

Mucha gente siente que no tiene control sobre su régimen diario, mucho menos sobre su futuro. Tienen la impresión de que la vida sigue su curso y se sienten sin poder para cambiar su paso, su ruta, o sus relaciones.

Para esas personas desalentadas que corren el peligro de sucumbir por el estrés, o de fundirse, debido al paso tan acelerado al que se están moviendo por la carretera interestatal de la vida, las palabras de aliento bien podrían ser, «No te olvides de desconectarte».

La persona alentadora afirma...

- «Nunca es demasiado tarde para cambiar las cosas»

- «*Ningún estilo de vida es mejor que otro, excepto cuando tú lo defines como tal*»
- «*Tú tienes la habilidad de cambiar*»
- «*Tú tienes la fortaleza interior para hacer un cambio*»

Nuevos caminos   Una salida que jamás debe considerarse en esta analogía, es la muerte, o el divorcio, o cualquier camino negativo. No, ni siquiera como una desviación. Una salida siempre debe ser un paso hacia un camino diferente, con nuevo paisaje, nuevo espacio, nuevas oportunidades, nuevos secretos dignos de ser explorados.

En términos bastante prácticos, el nuevo camino puede ser

- un nuevo lugar de servicio
- un nuevo trabajo o una nueva carrera
- una nueva ciudad
- un nuevo amigo, mentor, estudiante o socio
- un nuevo hábito o conjunto de hábitos
- un nuevo conjunto de prioridades
- un nuevo compromiso
- un nuevo nivel de participación en su iglesia

Algunas veces, el simple hecho de reconocer que las salidas están ahí —en las carreteras rápidas así como en los caminos de herradura— es suficiente para alentar a una persona al saber que no está atrapada en un futuro que es igual al presente.

45 ◆ «No creo que necesites esa muleta»

La persona desalentada con frecuencia se rodea de puntales y soportes, y se siente incapaz de sobresalir sin ellos. Algunas veces esos puntales se vuelven la causa de futuros desalientos. Cuando esto sucede, se establece un círculo vicioso adictivo, y resulta especialmente cierto, cuando la adicción incluye una dependencia de estimulantes químicos.

La gente puede comenzar tomando drogas, pero con el tiempo, las drogas toman a la gente, sus energías y habilidades, su tiempo y su dinero, su potencial y, a la larga, sus vidas.

Rompa el círculo La persona alentadora dice, «Estoy segura de que puedes salir adelante sin necesidad de usar sistemas artificiales de apoyo».

- *«Estoy seguro de que puedes dormir toda la noche sin la ayuda de una pastilla»*
- *«Estoy segura de que puedes salir adelante sin el uso de las drogas»*
- *«Estoy seguro de que puedes relajarte sin necesidad de un trago»*
- *«Estoy seguro de que puedes lograr terminar tu día sin usar la nicotina»*
- *«Estoy segura de que puedes aprender a manejar la vida sin la ayuda de un tranquilizante»*

Esto no significa negar el valor de los medicamentos cuando son necesarios para restaurar las funciones normales del cuerpo, y cuando se toman de acuerdo con lo recetado. Además, no debe haber persona alguna a quien se le haga sentir —o que se llegue a sentir— que necesita depender, permanentemente, de estimulantes químicos para su bienestar emocional. Es decir, no debe permitirse que persona alguna se vuelva adicta a sustancias químicas solo por el deseo de crear una percepción de la realidad que resulte siempre confortable. La realidad creada por las drogas es casi siempre distorsionada. La verdadera realidad requiere la capacidad de lidiar con las tragedias acomodando lo inmodificable y cambiando lo que puede ser variado, y sobre todo, reconocer la diferencia.

Reentrenar En muchos de los casos, lograr una vida sin muletas químicas requiere más que valor y voluntad de intentarlo: requiere reentrenamiento intensivo. Aprender a reanalizar una realidad que se ha escapado requiere «repensar» la vida y alterar nuestras percepciones, reestablecer nuestras metas, retomar nuestros valores y prioridades, reemplazar los malos hábitos.

El amigo alentador dice: «Creo que tú puedes experimentar una nueva realidad, más saludable, más satisfactoria sin muletas químicas... si lo intentas».

46 ◆ Las cosas no tienen por qué permanecer así

A la mayoría nos gustaría cambiar alguna cosa con respecto a nuestras vidas. Los buenos propósitos de Año Nuevo son prueba de ello. Casi todo el mundo adopta al menos uno.

Sin embargo, la persona desalentada siente, con frecuencia, que no puede cambiar, que está más allá de su fuerza de voluntad producir cambios o hacer cualquiera cosa respecto a las circunstancias. La persona desalentada a menudo se siente atrapada por la falta de resolución y la inhabilidad para moverse.

La alentadora afirma: «Tú tienes el poder, la autoridad, y la responsabilidad de cambiar aquello que no te gusta de tu vida».

Las cosas pueden cambiar Probablemente la persona no sea capaz de hacer los cambios por sí sola. En el 99 por ciento de los casos, es muy factible que así sea. Ninguno de nosotros puede vivir exitosamente como una isla, de manera autosuficiente.

El poder de cambiar nuestras vidas se manifiesta casi siempre en el hecho de pedir, buscar y apropiarnos de la ayuda ofrecida por otras personas. Rara vez nos encontramos en una posición en la cual no podamos decir, «*Quiero ver cambiar las cosas. Me siento incapaz de realizar esos cambios por mi misma. ¡Ayúdame por favor!*»

La persona alentadora responde a la persona desalentada:

- *«Cree que las cosas pueden cambiar»*
- *«Admite que no puedes realizar el cambio por ti mismo»*
- *«Ubícate en posición de obtener ayuda»*
- *«Pide ayuda»*
- *«Rodéate de gente dispuesta y capaz de ayudarte, y de darte consejo confiable y válido»*

Algunas veces las personas desalentadas se sienten tan atrapadas que ni siquiera pueden identificar o definir el tipo de cambio que les gustaría ver. Solamente saben que son miserables. En esos casos, usted puede animar diciéndole,

- *«Admite que eres miserable»*
- *«Apóyate en alguien que pueda ayudarte a detectar, exactamente, lo que te está haciendo sentir tan mal»*
- *«No corras hasta que sepas hacia dónde lo estás haciendo».*

Crecimiento a través del cambio   «Huir» no resuelve los problemas; la mejor opción es correr hacia la solución, o hacia un nuevo panorama, o una mejor circunstancia.

La persona alentadora afirma que el cambio es posible y que para cada persona, el cambio periódico puede ser una oportunidad de crecimiento. Eso sí, no debemos modificar las cosas por el hecho mismo de hacerlo, pero si, esperar cambios como una parte natural del crecimiento. El cambio es deseable para todos nosotros, siempre que nos lleve hacia una mejor meta o una mejor realidad.

El verdadero punto básico aquí es decir a la persona desalentada,

> *«Tú puedes cambiar, a partir de esto, en alguien mejor. Está en tu naturaleza, dada por Dios, el crecer como ser humano que eres. Es parte del potencial integrado en tu espíritu humano. Busca lo mejor y más alto de la vida y la eternidad, y crece en esa dirección. Los cambios habrán de venir conforme a tu desarrollo. Acepta esos cambios que vienen con el crecimiento, y permite que se dé la transformación en tu vida».*

47 ◆ ¿No te parece fantástico?

Efímeros son los momentos de plena felicidad en la vida. Cuán alentador es tener a alguien que nos los haga apreciar, y que los comparta con nosotros en espíritu de completa entrega.

Un querido amigo que enfrenta la vida con este tipo de entusiasmo afirma con frecuencia, «Ah, ¡no te parece ʃ-a-n-t-á-s-t-i-c-o!» La única respuesta posible es un enfático «¡sí, y por siempre amén!»

Entusiasmo La persona alentadora proclama con entusiasmo lo que individualmente le agrada, sin importar el tiempo, el lugar o la audiencia. La animadora enfatiza docenas de momentos diarios y los marca con un detalle de exclamación positivo.

- ¡Qué sopa más deliciosa! Ah, está riquísima
- «¿Alguna vez has visto un arreglo floral más lindo? ¿No te parece fantástico?»
- «¿No te parece maravilloso vivir en un país en el que reina la libertad?» No cabe duda de que es maravilloso
- «¿No se te alegra el corazón cuando ves padres que aman a sus hijos de esa manera?» Sí, eso me alegra el corazón
- «¿Estás contento con los nuevos planes?» Sí, hay un gran bienestar por delante

- «¿No te parece que es un gran muchacho?» Sí, es un chico grandioso con quien se puede compartir la vida
- «¿Estás contenta de haberla conocido?» Sí, y mil veces síííí.
- «¿No te parece éste un gran día para estar vivo?» Sí, es muy, muy, muy bueno

Alabanza Al adoptar todo lo mejor de la vida, la persona alentadora canta una silenciosa, pero gloriosa doxología:

A Dios eterno Creador
A Jesucristo el Salvador
Y al Espíritu Santo de Dios,
cantemos por la eternidad.

La persona animadora elige creer que el mundo verdaderamente es un lugar grandioso y maravilloso, y que cada vida puede ser igualmente extraordinaria.

48 ◆ Tienes otras opciones

Las personas desalentadas sienten con frecuencia haber llegado al final del camino, en lugar de ver tal situación como una encrucijada en la senda de la vida.

Usted puede alentar a quien siente que se ha topado con una pared de ladrillo, o que está tambaleándose en un callejón sin salida, invitándola a participar, de forma directa, en una sesión de planeación de tipo administrativo para explorar las opciones.

1. Afirme que usted cree en las opciones que tiene la persona

Todo el mundo las tiene en cada encrucijada de la vida. Jamás existe una sola forma de hacer las cosas. De hecho, rara vez hay una «mejor manera» que es obviamente superior a las otras «buenas maneras». El «mundo ideal» pocas veces tiene vacantes disponibles.

¿Sabe usted que su amigo ha recibido una notificación en el trabajo? ¡Este es el momento de explorar opciones!

2. Identifique tantas opciones como sea posible

Emplee las técnicas de lluvia de ideas. Deje rodar sus ideas. No descarte nada porque lo considere demasiado absurdo o improbable.

Su amigo puede obtener otro empleo... cambiarse a otra ciudad en que haya más trabajos... comenzar un negocio o una firma de consultoría... escaparse a Hawaii... sentarse a llorar... contactar una agencia de empleos... llamar a cada uno de sus amigos y pedir ayuda... preparar un currículo y enviarlo a cincuenta empresas... y la lista puede seguir extendiéndose!

3. Explore todas sus opciones y evalúe cada una de ellas

¿Cuáles son los resultados deseables, sus posibilidades y sus costos en términos de recursos personales y materiales?

Identifique los que parecen ser los puntos débiles de cada opción y sus limitaciones, cualidades o riesgos asociados con cada una de ellas.

Supongamos que su amigo opta por la alternativa de obtener otro trabajo como la mejor forma de permanecer vivo, mantener a su familia, y sentirse satisfecho en la vida.

4. Categorice las opciones
Elija el Plan A, Plan B, y así sucesivamente. Es posible agrupar varias opciones bajo un mismo plan.

Preparar un currículo, establecer contactos con amistades, y buscar una agencia de empleos, son en sí formas de aspirar a la meta principal de conseguir otro empleo.

5. Defina la manera de implementar la mejor opción
De nuevo, siempre hay más de una forma de transformar una opción en realidad. Considere el tiempo, los métodos y todos los requisitos que pueda necesitar

para estar en posición de lograrlo (incluyendo las personas, recursos, información, publicidad, lugar).

Su amigo decide llamar a cinco amigos por día durante la primera semana y dar seguimiento durante la siguiente, enviándole a cada uno, una nota de agradecimiento... tener un currículo listo para el miércoles... y hacer una cita con la agencia de empleos antes de las 10:00 a.m. el lunes.

¿Qué sucederá si la opción elegida no le conduce donde usted pensó que le llevaría? ¿Qué, si el Plan A no resultó?

Siempre habrá más opciones para considerar.

49 ◆ Esto no será por siempre

Nada permanece igual por siempre por malo que sea.

Esta es una noticia alentadora para la persona que, sin importar cuán duro trabaje o cuán intensamente se esfuerce, siente como si no hubiese hecho ningún progreso.

- Las depresiones terminan
- Las decisiones se cumplen
- Los adelantos suceden
- Surgen nuevas ideas
- Las circunstancias se alteran
- Se hacen nuevos descubrimientos

Ninguna condición es permanente Como alentador, usted puede ayudar a la persona desanimada a reformular lo que ella percibe como una condición permanente, en una condición transitoria o temporal:

- *«Tú no eres divorciada o viuda. Estás soltera por ahora».*
- *«No estás en bancarrota. Comienzas una nueva ruta de negocios»*
- *«No eres desempleado. Estás en una transición de carrera».*
- *«No estás sin casa. Atraviesas el proceso de cambiarte a un nuevo hogar».*

Frente a la eternidad   El mayor cambio de todos, por supuesto, llegará a cada uno de nosotros con la muerte.

Para la persona a quien se ha diagnosticado una enfermedad terminal... para la anciana que se siente más débil conforme transcurren los meses... para quien está luchando contra un dolor intenso que se agrava cada día... el aferrarse a creer que, «Esto no durará para siempre. Nos aguarda un futuro mejor», es grandemente alentador.

En aquellos días, cuando la persona está agotada de trabajar, cansada de intentarlo, y harta de la frustración, puede deleitarse pensando en un futuro eterno en el cual todos los trabajos cuentan, todas las amistades son enriquecedoras, todas las metas se logran y todas las decisiones son correctas. La esperanza de un futuro celestial es alentadora.

50 ◆ Eres maravilloso, de valor incalculable

El ser valioso significa tener propósito, una razón de ser, una contribución para hacer, una marca que dejar en el tiempo y el espacio.

El animador diría, «¡Eres maravillosa, de valor incalculable. Eres valiosa!»

«Eres irremplazable» Nadie podrá ocupar, jamás, tu lugar en la tierra, más específicamente, en mi vida. Nadie más puede ser lo que tú eres, hacer lo que tú haces. Nunca habrá quien diga exactamente lo que tú dices, dé lo que tú das, cree lo que tú creas, o deje a su paso lo que tú has dejado. Nadie más puede llenar tu espacio.

«Eres increíble» Estás formidable y maravillosamente hecho. Tú sabes qué decir y qué hacer para satisfacer una necesidad. Tú tienes una habilidad y un potencial tan fantásticos, que no pueden ser medidos.

«Vas por buen camino» Tienes un brillante futuro delante de tí. Te aguardan bendiciones por experimentar, y maravillosas experiencias por vivir. Estás encaminado en la dirección correcta. Tus valores están intactos, tu valor es inspirador, y tu entusiasmo es contagioso.

«Considero un privilegio llamarte mi amigo» Me siento afortunado de que nuestros caminos se hayan cruzado. Estoy emocionado por el gozo que tenemos de conocernos. Es alentador saber que tú estás en el universo. Aprecio tu amistad y te ofrezco la mía a cambio. Y anticipo con gozo la posibilidad de seguirnos viendo siempre.

¡Maravillosas palabras de aliento!

Ser animador es saberse valioso, y declarar franca y abiertamente el valor de los demás, ya sea la otra persona miembro de la familia, amigo, compañero de trabajo, miembro de la iglesia, miembro del equipo, socio del club, conocido casual o un simple extraño que pasa por la calle.

Principio de partida

51 ◆ Algunas personas no aceptan recibir muestras de aliento

Sin importar lo que usted diga o haga...
No importa cuán a menudo lo intente...
No vale qué métodos use...
No importa cuán sincero usted sea...
Algunas personas no recibirán el aliento que usted está tratando de darles.

Hacen falta dos El animar tiene mucho en común con el baile del tango, el columpiarse y la preservación de las especies... hacen falta dos para lograrlo.

Para que una persona reciba las palabras y acciones de aliento que usted desea dar, debe haber por lo menos una disposición parcial, por parte de ella, para recibir ánimo de usted. Ella debe ser receptiva, por lo menos, a la idea de percibir aliento. Debe abrir la puerta de su corazón, su mente, y su voluntad para recibirle a usted. Debe estar dispuesto, al menos uno por ciento, a intentarlo.

Si no lo está, usted no conseguirá hacerlo.

No ceda al desaliento No deje que, el no haber podido animar a otra persona, resulte en su propio desaliento. El desaliento de quien rehúsa ser animado, no le debe invadir, contaminando su esperanza y gozo o infectando su entusiasmo por la vida.

Algunas veces no le será posible alcanzar al amigo deprimido, desesperanzado o desalentado que se encuentra en necesidad. Quizás alguien con personalidad diferente o con forma de comunicación distinta a la suya, resulte más efectivo. Algunas ocasiones usted no contará con la información, habilidades, o experiencia requeridas. En otras, el momento no estará a su favor.

- Haga lo que pueda
- Ayude en todas las formas que usted sabe
- Diga lo que sabe decir
- Y si no recibe respuesta, siga su camino... porque hay un segundo principio que es igualmente cierto. Lea al respecto en la siguiente página.

52 ♦ Todos necesitamos un poco de aliento

Es probable que usted no pueda ver los problemas de otro. Pues parece que esa persona está en la cima del mundo. Aparentemente lo tiene todo, o al menos lo necesario. Se ve en perfecto estado de salud. Da muestras de gran fe, excelente fuerza emocional, y un fuerte entusiasmo por la vida. Y hasta parece transpirar optimismo, gozo, esperanza y fe.

Pero la verdad es que todos necesitamos recibir aliento. Y no solamente en algunas ocasiones. Siempre.

Infunda esperanza   No hay quien tenga toda la seguridad necesaria para crecer al máximo de su potencial... ni toda la esperanza activada para enfrentar el mañana... ni los suficientes recursos para el crecimiento personal adicional. No importa con quien se encuentre, esa persona necesita escuchar las palabras de aliento que sólo usted puede decir.

No se limite a dar aliento a las personas que usted siente decaídas y excluidas, o en un nivel inferior al suyo, de acuerdo con parámetros de salud emocional. No prive a alguna persona de escuchar o recibir palabras y muestras de aliento, sólo porque usted siente que no las necesita. Sí las necesita.

Adopte la perspectiva de buscar las formas en las cuales pueda dar aliento a cualquier persona que se cruce en su camino, de alguna manera, con una palabra o hecho, anticipando algún resultado positivo en la vida de esa persona y en la suya propia.

Reciba esperanza Al mismo tiempo, esté abierto para recibir aliento. Deje que esas palabras dichas por usted, sean escuchadas por sus propios oídos. Sea receptivo a las voces de aliento que escuche, son para usted. Adóptelas en su ser y déjelas arraigar.

El aliento que usted distribuye tiende a regresar, en medida similar. Entre más aliento reciba, busque dar más. Dé un gran aliento, y sea grandemente alentado. El alentar puede volverse, en su vida, un ciclo generador de gozo, promueva integridad, y dé fuerzas a otros, así como a usted mismo.

¡Aliente a alguien el día de hoy! Ambos estarán contentos de que lo haya hecho.